本居宣長『うひ山ぶみ』

致知出版社

「いつか読んでみたかった日本の名著シリーズ」刊行にあたって

世に名著と呼ばれる本があります。その名前を聞けば誰もが知っていて、内容も何となく聞きかじっている。しかし、「いつか読んでみよう」と思いつつも読むチャンスがない。あるいは、読み始めてみたものの想像以上に難しくて途中で投げ出してしまった……。そんな経験のある人は少なくないかもしれません。

本シリーズは、そうした〝読みたかったけれど読んだことのない〟日本の名著を気軽にお読みいただくために企画されました。いわゆる〝超訳〟ではなく、原文を忠実に訳しながらも可能な限りわかりやすい現代語に置き換えているため、大人はもちろん、中高生でも十分に読破《どくは》できます。また、それぞれの本には読了《どくりょう》のために必要な目安時間も示しています。

ぜひ本シリーズで、一度は読んでみたかった日本の名著の醍醐味《だいごみ》を存分にご堪能《たんのう》ください。

一、原文の定本には『本居宣長全集 第一巻』（筑摩書房）を使用した。

一、小見出しは、分かりやすくするために独自でつけた。

一、原文に（ ）、『 』、〈 〉、〃 〃はないが、現代語訳では分かりやすくするために、使用した。

一、原典は読みやすいように一部現代仮名遣いに直している。

一、原典には改行はないが、現代語訳では読みやすくするために適宜改行した。

はじめに――本居宣長と『うひ山ぶみ』

濱田浩一郎

うひ山ぶみ――見知らぬ山を初めて登る時に、何の準備もなく、登山計画も立てずにいたら、無駄足を踏んだり、遭難してしまう可能性が高いでしょう。せめて、道しるべが立てられていたり、登山に詳しい先生や先輩に前もって登山の秘訣《ひけつ》を聞いていたら、遭難や無駄足を踏むことはなかったはずです。

勉強や学問もそれと一緒です。中学校・高校・大学に入った時に、良い先生から、学問の仕方をしっかり学んでいたら、中・高の三年生・大学では四年生になって、受験や卒業研究で慌てふためくことはないでしょう。

江戸時代後期の国学者・本居宣長《もとおりのりなが》（一七三〇～一八〇一）の著作『うひ山ぶみ』（寛政十〈一七九八〉年に成立）は、勉強や学問をしようと思い立った「学問の初心者」向けに、学問の方法論を書いたものです。

本居宣長と聞いても、多くの人は、おぼろげにしか知らないと思います。中には、高校の日本史教科書の記述を思い出して「日本最古の歴史書『古事記』の注釈書である『古事記伝』を書いた人だ」との言葉がすぐ出てくる読者もいるかもしれません。

しかし、学問や文学の世界においては、本居宣長は「有名人」ですし、その著作は中央公論社から刊行されたシリーズ『日本の名著』の第二十一巻に収録されているほどです。そんな学者・本居宣長とは、どのような人であったのか、簡単に述べておきましょう。

まず宣長は、享保十五（一七三〇）年、伊勢国松坂（現在の三重県松阪市）の生まれです。父は小津定利、母は勝といいました。宣長の幼い頃の名は、富之助です。小津家は、木綿の仲買商（物品の売買を仲介して利益を得る商い）であり、宣長はその家の次男として生まれました。

ところが、元文五（一七四〇）年、宣長が十一歳の時に父が病死してしまいます。そのため、宣長は、家を継ぐために商売見習いのようなこともしたようですが、商売への関心は薄く、二十二歳の時に小津家は店を整理。二十三歳の時、医者になるために、京へ上り、医学を武川幸順《たけがわこうじゅん》に、儒学を堀景山《ほりけいざん》に学ぶのです。そしてこの遊学中に宣長は、姓を先祖の姓である「本居」に戻します。堀景山の手ほどきで国学者・契沖《けいちゅう》（一六四〇～一七〇一。真言宗の僧にして『万葉代匠記』を著した古典学者）などの学問に触れ、日本の歴史や古典の世界に刺激を受けたからでしょうか。

宝暦八（一七五八）年、二十八歳で松坂に戻った宣長は、医師として開業。そのかたわら、『源氏物語』の講義を始めたり、歴史書『日本書紀』の研究に励むのです。そんな宣長に大きな出会いが訪れます。国学者・賀茂真淵《かものまぶち》（一六九七～一七六九。『万葉集』などの古典研究の大家）との面会です。

宣長は書物や手紙を通して、真淵の指導は受けていましたが、ついに対面する機会がやってきたのです。宝暦十三（一七六三）年五月二十五日、伊勢神宮の帰りに松坂を訪れた真淵との生涯一度の対面。その席で、宣長は「古事記研究をやってみたいのです。何か注意することはありませんか」と打ち明けると、真淵は「自分もかねてより古事記研究の必要を痛感していたが、いかんせん、もはやそのような精力も時間もない。あなたは、まだ若いから、しっかりと努力すれば、きっとこの研究を成し遂げることができるでしょう。ただ注意しなければいけないのは、順序正しく進むということです。これは学問の研究には、必要なことですから、まず土台を作って、それから一歩一歩、高く登り、最後の目的に達するようにしなさい」と大いに励ましました。

以来、宣長は一所懸命研究を進め、三十五年にも及ぶ努力の末に、ついに『古事記伝』全四十四巻を完成させたのです。この真淵との対面は「松坂の一夜」として、戦前の『尋常小学国語読本』にも掲載されるほど、有名なものでした。

そんな努力の人・宣長が、亡くなる三年前に、弟子の要望もあって書いたのが『うひ山ぶみ』です。

どのように学問（勉強）をすればよいのか、学問をするうえで大切なことは何なのか、または日本人として忘れてはいけないものは何か等々、宣長の貴重なアドバイスがたくさんつまった書物です。もちろん、江戸時代と現代とでは、学問環境も大きく異なりますから、宣長のアドバイスすべてが活用できるわけではないのですが、学問をするうえで、現代にも通じる大切な視点を多く得ることができます。ですから、かつて『日本の名著』シリーズに『うひ山ぶみ』が収録されたのだと思います。

青春の時代に、学問に迷う諸君。宣長の『うひ山ぶみ』を読んで、大きな志を得て、それぞれの登山に活用してみてください。

本居宣長『うひ山ぶみ』＊目次

『うひ山ぶみ』各論

装　幀――轡田昭彦
坪井朋子
編集協力――柏木孝之
シリーズ
企　画――アップルシード・エージェンシー
http://appleseed.co.jp/

『うひ山ぶみ』総論

知識を得たうえで、学問の道に入ろう

世の中に学問の種類は、色々あって、一つではない。

その色々な学問には、まず『日本書紀』神代巻《じんだいかん》（奈良時代の養老四〈七二〇〉年に成立した歴史書。神代巻はその巻一・二を指す）を中心に置いて、ひたすら道（神道や天皇の政治の仕方など）を学ぶものがある。これを神学といい、神学を学ぶ人を神道者という。また官職・儀式・律令（律は刑法、令は行政法）などを、中心として学ぶ分野がある。また様々な故実《こじつ》（習わし）・装束・道具などのことを、中心に学ぶものがある。これを有識《ゆうそく》の学という。また六国史《りっこくし》（古代日本の国家が編纂《へんさん》した六つの歴史書。『日本書紀』『続日本紀《しょくにほんぎ》』『日本後紀』『続日本後紀』『日本文徳天皇実録《にほんもんとく》』『日本三代実録』）やその他の古い書物をはじめ、後世の書物までを、これまで述べたものとは別の仕方

で、学ぶものもある。この学問も、さらに細かく分けることができる。また歌を学ぶ分野もある。それにも、歌を作るものと、古い歌集や物語書を研究するものとの二つがある。

おおよそこのような学問分野があって、それぞれの人がその興味関心に従って学ぶのであるが、その学び方も、教える先生の心、学ぶ人の心によって、色々ある。

このように学問を志して、やってみようという人は、初めから、やってみたい学問分野があって、その学び方も、自分で決めてしまうことがある。一方、特にこれをしたいという学問分野もなく、学び方も分からない人は、よく物事を知っている人に「どのようなことをやればよいのでしょう。初学者は、どんな本を最初に読めばよいのでしょうか」ということを尋ねる。これはよくあることだが、まことにそうあるべきであって、その学問分野の進むべき方向を向き、学び方を正して、先々おかしな方向に行かないように、また学業が早く成就するように、より多くの実りが得られるように、初めからよく準備をして、学問を始めたいものだ。

【原文】

（イ）世に物まなびのすぢ、しなじな有て、一トやうならず、そのしなじなをいはば、まづ神代紀をむねとたてて、道をもはらと学ぶ有リ、これを神学といひ、其人を神道者といふ、又官職儀式律令などを、むねとして学ぶあり、又もろもろの故実、装束調度などの事を、むねと学ぶあり、これらを有識の学といふ、又上は六国史其外の古書をはじめ、後世の書共まで、いづれのすぢによるともなくて、まなぶもあり、此すぢの中にも、猶分ていはば、しなじな有べし、又歌の学び有リ、それにも、歌をのみよむと、ふるき歌集物語書などを解キ明らむるとの二タやうあり、大かた件のしなじな有て、おのおの好むすぢによりてまなぶに、又おのおのその学びやうの法も、教ふる師の心々、まなぶ人の心々にて、さまざまあり、かくて学問に心ざして、入そむる人、はじめより、みづから思ひよれるすぢありて、その学びやうも、みづからはからふも有ルを、又さやうにとり分てそれと思ひよれるすぢもなく、まなびやうも、みづから思ひとれるかたなきは、物しり人につきて、いづれのすぢに入てかよからん、又うひ学ビの輩のまなびやうは、いづれの書よりまづ見るべきぞなど、問ヒ求むる、これつねの事なるが、まことに然あるべきことにて、その学のしなを正《ただ》し、まなびやうの法をも正して、ゆくさきよこさまなるあしき方に落チざるやう、又其業のはやく成るべきやう、すべて功多かるべきやうを、はじめよりよくしたためて、入らまほしきわざ也

自分の不得意な分野の勉強をしてはいけない

同じように力を使ったとしても、自分に向かない学問分野や学び方では、得るものは異なってくる。しかし、どういう学問をするかは、他人から押し付けられるものではない。

大抵は自分のしたいことをすればよいのだ。たとえ初学者であっても、学問をしようと思う者は、小さな子供ではないのだから、自分はこの学問をやりたいというもの

が、必ずあるはずだ。また人それぞれに好きな分野と、嫌いな分野があり、得意なことと不向きなことがあるので、嫌いな分野や不向きなことをしては、同じように努力しても、成果はあまりない。
どのような学問も、その学び方を、形式的な理論で「こうすればよい」と教えるのは、簡単だ。しかし、教えたとおりに実行して、本当に良いものだろうか。思いのほか、良くないのではないか。そんなことは予測することはできない。だから、これも他人が強制することはできない。その人の好きなようにするのがよい。

【原文】

同じく精力を用ひながらも、そのすぢそのまなびやうによりて、得失あるべきこと也、然はあれども、まづかの学のしなじなは、他よりしひて、それをとはいひがたし、大抵みづから思ひよれる方にまかすべき也、いかに初心なればとても、学問にもこころざすほどのものは、むげに小児の心のやうにはあらねば、ほどほどにみづから思ひよれるすぢは、必ズあるものなり、又面々好むかたと、好まぬ方とも有リ、又生れつきて得たる事と、得ぬ事とも有ル物なるを、好まぬ事得ぬ事をしては、同じやうにつとめても、功を得ることすくなし、又いづれのしなにもせよ、学びやうの次第も、一トわたりの理によりて、云々《しかじか》してよろしと、さして教へんは、やすきことなれども、そのさして教へたるごとくにして、果してよきものならんや、又思ひの外にさてはあしき物ならんや、実にはしりがたきことなれば、これもしひては定めがたきわざにて、実はただ其人の心まかせにしてよき也

勉強をするのに才能は関係ない

要するに学問は、ひたすら長い年月飽きたり怠けたりしないで、頑張ることが重要なのであって、学び方は、どのようなものでもよい。それほど、こだわるべきことで

はない。どれほど学び方が良くても、怠けて頑張らなければ、成果はない。また人の才能の有無によって、学問の成果も違ってくるが、才能の有無は、生まれつきのことなので、どうしようもない。

しかし大抵は、才能がない人でも、怠けず努めれば、それだけの成果はあるものだ。また年老いてから学ぶ人も、努めて励めば、思いのほか成果が上がることがあるものだ。また学問する暇がない人も、思いのほか、暇な時間が多い人よりも、成果を上げるものだ。

なので、才能が乏しいとか、学び始めが遅いとか、忙しいとかで、学問を諦めて、止めてしまってはいけない。とにかく、努力さえすれば、学問はできるものと知っておくべきだ。諦めたり挫折することが、学問するうえでとてもよくない。

【原文】

詮ずるところ学問は、ただ年月長く倦《うま》ずおこたらずして、はげみつとむるぞ肝要にて、学びやうは、いかやうにてもよかるべく、さのみかかはるまじきこと也、いかほど学びかたよくても、怠《おこた》りてつとめざれば、功はなし、又人々の才と不才とによりて、其功いたく異なれども、才不才は、生れつきたることなれば、力に及びがたし、されど大抵は、不才なる人といへども、おこたらずつとめだにすれば、それだけの功は有ル物也、又晩学の人も、つとめはげめば、思ひの外功をなすことあり、又暇のなき人も、思ひの外、いとま多き人よりも、功をなすもの也、されば才のともしきや、学ぶことの晩《おそ》きや、暇《いとま》のなきやによりて、思ひくづをれて、止《やむ》ることなかれ、とてもかくても、つとめだにすれば、出来るものと心得べし、すべて思ひくづをるるは、学問に大にきらふ事ぞかし

自らの専門分野を定めよ

さて以上に述べたようなことなので、どういった学問分野が良いと断定するのは難

しく、学び方も必ずこうしたほうがよいとは、言い難い。またそうしたことは別に決めなくてもよいのだ。ただ本人の心に任せればよいのだが、そればかり言っては、学問の初心者は、どうしてよいか分からず、自然と飽きたり怠け心が起こるきっかけにもなってしまう。

だから仕方なく、いま私が思っているところを、おおよそ述べるのだ。しかし教え方も、人それぞれなので、私が「これでよい」と思っても、「それはよくない」という人もいるので、強制するものではない。ただ私に教えてもらいたいという人にだけ言うのだ。

さて、学問には色々な分野があり、そのどれもが大切なもので、明らかにしなくてはならないものだ。そのすべての分野を学びたいが、一人の人生では、すべてのことを奥深く究めるのは、難しい。なので、その中から自分の専門を決めて、専門分野に関しては必ず究め尽くそうと、初めから志を高く大きく立てて、努め学ぶべきである。そうして後他の分野も、力の限り、学んでいけばよい。

【原文】

　さてまづ上の件のごとくなれば、まなびのしなも、しひてはいひがたく、学びやうの法も、かならず云々してよろしとは、定めがたく、又定めざれども、実はくるしからぬことなれば、ただ心にまかすべきわざなれども、さやうにばかりいひては、初心の輩は、取リつきどころなくして、おのづから倦おこたるはしともなることなれば、やむことをえず、今宣長が、かくもやあるべからんと思ひとれるところを、一わたりいふべき也、然れどもその教へかたも、又人の心々なれば、吾はかやうにてよかるべき歟と思へども、さてはわろしと思ふ人も有べきなれば、しひていふにはあらず、ただ己が教へによらんと思はん人のためにいふのみ也、そはまづ、（ロ）かのしなじなある学びのすぢすぢ、いづれもいづれも、やむことなきすぢどもにて、明らめしらではかなはざることなれば、いづれをものこさず、学ばまほしきわざなれども、一人の生涯の力を以ては、ことごとくは、其奥までは究《きわ》めがたきわざなれば、其中に主《むね》としてよるところを定めて、かならずその奥をきはめつくさんと、はじめより（ハ）志シを高く大にたてて、つとめ学ぶ

べき也、然して其余のしなじなをも、力の及ばんかぎり、学び明らむべし

学問の根本は、道を学ぶこと

さて学問が拠り所とするべきものは、何かというと、道を学ぶことである。

そもそもこの道は、天照大御神《あまてらすおおみかみ》（皇室の祖神であり、伊勢神宮の内宮に祀《まつ》られる）の道であり、天皇が天下をお治めになる道、世界中に行き渡る、真の道であるが、この道は、わが皇国（日本）にだけ伝わっている。その道はどのような道かと言えば、『古事記』（日本最古の歴史書。和銅五〈七一二〉年に太安万侶《おおのやすまろ》が編纂し、元明《げんめい》天皇に献上された）、『日本書紀』の二つの書物に記されている、神話の時代や上代（推古天皇の時代まで）の様々な事柄のなかに備わっているのだ。だから、この二つの書物の上代の巻を、繰り返しよく読まなければいけない。

また、初学者は、私が書いた『神代正語《かみよのまさごと》』（神代の古伝説を『古事記』の本文をもとに仮名交じり文で記したもの）を数十回は読んで、古語に慣れたうえで、『直毘霊《なおびのみたま》』（宣長の神道説や国体観を記したもの）、『玉矛百首《たまほこひゃくしゅ》』（宣長の歌集）、『玉くしげ』（紀伊藩主・徳川治貞《はるさだ》の要請によって書いた政治関連の書）、『葛花《くずばな》』（学者の市川鶴鳴《かくめい》が宣長の思想を批判したことに対する反論の書）などを、学び始めの頃から、二典（『古事記』『日本書紀』）とともに読めばよい。

そうすれば、二典に記された事柄に、道が備わっていることも、道の内容も、大体は納得できるだろう。そういった書物を早めに読んでいれば、大和魂が固まって、漢《から》意《ごころ》（何かにつけ物事の善悪や是非を論じ、理屈を考えようとする中国風の物の考え方）に陥らぬ守りとしてもよいだろう。道を学ぼうと志す人は、まずは漢意や儒意《じゅごころ》を、きれいにすすぎ落とし、大和魂をしっかりと固めることが重要なのだ。

【原文】

（ニ）さてその主としてよるべきすぢは、何れぞといへば、道の学問なり、そもそも此道は、天照大御神の道にして、天皇の天下をしろしめす道、四海万国にゆきわたりたる、まことの道なるが、ひとり皇国に伝はれるを、其道は、いかなるさまの道ぞといふに、（ホ）此道は、古事記書紀の二典《ふたみふみ》に記されたる、神代上代の、もろもろの事跡のうへに備はりたり、此ノ二典の上代の巻々を、くりかへしくりかへしよくよみ見るべし、（ヘ）又初学の輩は、宣長が著したる、神代正語を、数十遍よみて、その古語のやうを、口なれしり、又直日のみたま、玉矛百首、玉くしげ、葛花などやうの物を、入学のはじめより、かの二典と相まじへてよむべし、然せば、二典の事跡に、道の具備《そな》はれることも、道の大むねも、大抵に合点ゆくべし、又件の書どもを早くよまば、やまとたましひよく堅固《かた》まりて、漢意に、おちいらぬ衛《まもり》にもよかるべき也、道を学ばんと心ざすともがらは、（ト）第一に漢意儒意を、清く濯《すす》ぎ去て、やまと魂をかたくする事を、要とすべし

古代日本を理解するための必読書

さて、二典のうちでも、道を知ろうとするためには、まず『古事記』を先に学ぶべきだ。『日本書紀』を読むには、大いに心得ておくべきことがある。というのも『日本書紀』の文章内容をそのままに理解してしまったならば、古の精神を誤解し、必ず漢意にはまってしまうからだ。

次に『古語拾遺』（斎部広成《いんべのひろなり》が記した歴史書。九世紀初頭成立）、少し時代は下るが、この書物は、二典を読む助けとなることが多いので、早く読むべきである。次に『万葉集』（八世紀に成立した日本最古の和歌集）、これは歌集だが、道を知るには、とても重要な書物なので、特によく学ばねばならない。その詳細は、後で述べよう。まず道を知るには、これらの書物を読むべきだ。

【原文】

さてかの二典の内につきても、（チ）道をしらんためには、殊に古事記をさきとすべし、（リ）書紀をよむには、大に心得あり、文のままに解しては、いたく古への意にたがふこと有て、かならず漢意に落入べし、次に古語拾遺、やや後の物にはあれども、二典のたすけとなる事ども多し、早くよむべし、次に万葉集、これは歌の集なれども、道をしるに、甚ダ緊要の書なり、殊によく学ぶべし、その子細は、下に委くいふべし、まづ道をしるべき学びは、大抵上ノ件リの書ども也

しかし『日本書紀』より後の時代のことも、知らなければいけない。そのための書物には『続日本紀』（延暦十六〈七九七〉年に成立した歴史書。文武天皇即位の文武元〈六九七〉年から桓武天皇の延暦十〈七九一〉年までを記述）、次に『日本後紀』（承和七〈八四〇〉年に成立した歴史書。桓武天皇の延暦十一〈七九二〉年から淳和天皇の天長十〈八

三三〉年までを記す）、次に『続日本後紀』（貞観十一〈八六九〉年に成立した歴史書。仁明天皇の治世について記述）、次に『日本文徳天皇実録』（元慶三〈八七九〉年に成立した歴史書。文徳天皇の治世について記す）、次に『日本三代実録』（延喜元〈九〇一〉年に成立した歴史書。清和《せいわ》・陽成《ようぜい》・光孝《こうこう》天皇の治世を記述）がある。『日本書紀』とあわせてこれを六国史という。どれも、天皇の命令によって編纂された歴史書だ。

次々に必ず読むべきだ。またこれらの歴史書のなかに記されている宣命《せんみょう》（天皇の命令を漢字だけの和文体で記した文書）には、古い言葉が載っているので、特に念入りに読むべきだ。

次に『延喜式《えんぎしき》』（延長五〈九二七〉年に成立した法令集）、『和名類聚抄《わみょうるいじゅしょう》』（源順《みなもとのしたごう》によって承平四〈九三四〉年ごろに作られた漢和辞書）、『貞観儀式』（九世紀に編纂された朝廷の儀式書）、『出雲国《いずものくに》風土記《ふどき》』（天平五〈七三三〉年に成立した出雲地方の地誌）、『釈《しゃく》日本紀』（鎌倉時代末期に成立した『日本書紀』の注釈書。神道家の卜部《うらべ》兼方《かねかた》が記した）、『令《りょう》』（行政法）、『西宮記《さいきゅうき》』（平安時代、公卿《くげ》の源高明《みなもとのたかあきら》が著した儀式書）、『北山抄《ほくさんしょう》』（平安時代中期に公卿の藤原公任《ふじわらのきんとう》が著した儀式書）、さらには、私が書いた『古事記伝』などは、古代の日本について学ぼうという人は、よく読まなければならない。

しかし初学者には、これらの書物をすらすらと読むことは、難しいので、巻数が多い分厚い書物は、しばらくは後回しにして、文字数の少ない書物を、まず読むこともよいだろう。そのうち『延喜式』のなかの「祝詞《のりと》巻」（祝詞とは、神様に奏上する文章）、「神名帳《しんみょうちょう》」（延喜式に記載された神社一覧）などは、早く読んでおくほうがよい。

【原文】

然れども書紀より後の、次々の御代御代の事も、しらでは有べからず、其書どもは、続日本紀、次に日本後紀、つぎに続日本後紀、次に文徳実録、次に三代実録也、書紀よりこれまでを合せて（ヌ）六国史といふ、みな朝廷の正史なり、つぎつぎに必ズよむべし、又件の史どもの中に、（ル）御代御代の宣命には、ふるき意詞ののこりたれば、殊に心をつけて見るべし、次に延喜式、姓氏録、和名抄、貞観儀式、出雲国ノ風土記、（ヲ）釈日本紀、令、西宮記、北山抄、さては、

（ワ）己が古事記ノ伝など、おほかたこれら、（カ）古学の輩の、よく見ではかなはぬ書ども也、然れども初学のほどには、件の書どもを、すみやかに読ミわたすことも、たやすからざれば、巻数多き大部の書共は、しばらく後へまはして、短き書どもより先ヅ見んも、宣しかるべし、其内に延喜式の中の祝詞の巻、又神名帳などは、早く見ではかなはぬ物也

宣長の読書論

すべてこれらの書物を、順番を決めて読む必要はない。本人の都合に合わせて、順序に関係なく、あれこれ読めばよいのだ。またどの書物を読む時も、初めのうちは、片っ端から文章の意味を理解しようとしてはいけない。

まずおおまかにさらっと読んで、他の書物も読み、あれこれ他の本を読んでから、

また最初に読んだ書物に返って、何度も読んでいけば、初めに理解できなかった内容も、次第に分かってくるものだ。

さてこれらの書物を、何回も読む間に、その他の読むべき書物や、学び方についても、徐々に自分なりの考えができてくる。なので、その他の細かいことを、いちいち教えるには及ばない。自分の思うように、力の及ぶ限り、古い書物や後世の書物を、幅広く読んでもいいし、そうでなくてもよい。

【原文】

凡て件の書ども、かならずしも次第を定めてよむにも及ばず、ただ便にまかせて、次第にかかはらず、これをもかれをも見るべし、又いづれの書をよむとても、(ヨ)初心のほどは、かたはしより文義を解せんとはすべからず、まづ大抵にさらさらと見て、他の書にうつり、これやかれやと読ては、又さきによみたる書へ立かへりつつ、幾遍《いくへん》もよむうちには、始メに聞えざりし事も、そろそろと聞ゆるやうになりゆくもの也、さて件の書どもを、数遍よむ間ダには、其外のよむべき書どものことも、学びやうの法なども、段々に自分の料簡の出来るものなれば、(タ) 其末の事は、一々さとし教るに及ばず、心にまかせて、力の及ばむかぎり、古きをも後の書をも、(レ) 広くも見るべく、又簡約にして、さのみ広くはわたらずしても有リぬ べし

中国の書物を読む時は、大和魂を強く持て

さて五十音図（日本語の音節を縦に五字ずつ、横に十字ずつ配した表）に関する扱いや、仮名遣いなどは、必ず学ぶべきことだ。用語の解釈は重要なことではない。中国の書物も一緒に読むべきだ。古い書物は、どれも漢字・漢文で書かれているし、特に孝徳《こうとく》天皇（五九七〜六五四）や天智天皇（六二六〜六七一）の時代以降は、すべてにおいて、中国の制度を参考にしていることが多いので、歴史書を読むにしても、漢

文が読めなくては、十分に内容を理解することはできない。

ただし、中国の書物を読む時は、特に大和魂を強く持ってから読まなければ、漢文の文飾に惑わされることになるので、この心得は大切である。

さて、だんだん学問の世界に分け入って、その大体が、納得できるようになれば、何でもかまわないので、古典の注釈を作ろうと、早目に心がけるべきだ。注釈をすることは、大いに学問の向上につながる。

【原文】

（ソ）さて又五十音のとりさばき、かなづかひなど、必ズこころがくべきわざ也、（ツ）語釈は緊要にあらず、（ネ）さて又漢籍《からぶみ》をもまじへよむべし、古書どもは、皆漢字漢文を借リて記され、殊に孝徳天皇天智天皇の御世のころよりしてこなたは、万ヅの事、かの国の制によられたるが多ければ、史どもをよむにも、かの国ぶみのやうをも、大抵はしらでは、ゆきとどきがたき事多ければ也、但しからぶみを見るには、殊にやまとたましひをよくかためおきて見ざれば、かのふみのことよきにまどはさるることぞ、此心得肝要也、さて又段々学問に入たちて、事の大すぢも、大抵は合点のゆけるほどにもなりなば、いづれにもあれ、（ナ）古書の注釈を作らんと、早く心がくべし、物の注釈をするは、すべて大に学問のためになること也

幅広い好奇心を持とう

さてこれまで述べたように、二典の次は、『万葉集』についてよく学ぶべきだ。自ら古い歌を学ぶだけでなく実際に歌を詠もう。多くの人が、歌を詠むはずなので、特に学問を志すものは、なおさら歌を詠むべきだ。歌を詠まなければ、古語の意味や、風雅の趣を理解することはできない。『万葉集』の歌のなかでも、やすらかでのびやかな歌を、参考にして詠もう。また長歌も詠むべきだ。

また歌には古風なものや、後世風なものなど、時代ごとに区別があるが、古学を学ぶ者は、古風な歌をまずは詠まなければいけないのは、言うまでもない。しかし後世風の歌も、無視せずに学習し詠むべきである。後世風の歌にも、様々な良い歌悪い歌があるので、よく見極めて習うべきだ。

『伊勢《いせ》物語』（平安時代に成立した歌物語。作者不詳）や『源氏物語』（平安時代中期に書かれた長編物語。作者は紫式部）、その他の書物も、読もう。自ら歌を詠み、物語をよく読み、昔の人の、風雅な趣を知ることは、歌を学ぶ時だけでなく、古の道を明らかにする学問にも、大きな助けとなろう。

これまでの文章の所々に、片仮名で印を付けたのは、いわゆるあいじるしであって、別に詳しく論じた内容が、それぞれどれに対応しているかが、分かるようにするための印だ。

【原文】

さて上にいへるごとく、二典の次には、(ラ) 万葉集をよく万ぶべし、(ム) みづからも古風の歌をまなびてよむべし、すべて人は、かならず歌をよむべきものなる内にも、学問をする者は、なほさらよまではかなはぬわざ也、歌をよまでは、古への世のくはしき意、風雅《みやび》のおもむきはしりがたし、(ウ) 万葉の歌の中にても、やすらかに長ケ高く、のびらかなるすがたを、ならひてよむべし、(ヰ) 又長歌をもよむべし、さて又歌には、古風後世風、世々のけぢめあることなるが、古学の輩は、古風をまづむねとよむべきことは、いふに及ばず、(ノ) 又後世風をも、棄《すて》ずしてならひよむべし、(オ) 後世風の中にも、さまざまよきあしきふりあるを、よくえらびてならふべき也、又伊勢源氏その外も、(ク) 物語書どもをも、つねに見るべし、すべてみづから歌をもよみ、物がたりぶみなどをも常に見て、(ヤ) いにしへ人の、風雅のおもむきをしるは、歌まなびのためは、いふに及ばず、古の道を明らめしる学問にも、いみしくたすけとなるわざなりかし、上ノ件ところどころ、圏《わ》の内に、かたかなをもてしるししたるは、いはゆる相じるしにて、その件リ件リにいへることの、然る子細を、又奥に別にくはしく論ひさとしたるを、そこはここと、たづねとめて、しらしめん料のしるし也

『うひ山ぶみ』各論

外国に影響されすぎてはいけない

世の中に学問の分野は色々あるが、物学びとは、わが皇国の学問をいう。そもそも昔から、学問といえば、漢学（中国伝来の学問）のことであるので、それと区別するために、皇国の学を、和学や国学と呼ぶ習わしであったが、それはとても悪い呼び名である。自分の国のことなのだから、皇国の学は、ただ学問と呼び、漢学こそ、区別して漢学と呼ぶべきだ。それがもし紛らわしければ、皇朝学と言うべきなのに、そのままにして、和学・国学などと呼ぶのは、皇国を外国扱いしているようなものだ。中国や朝鮮・オランダなどの異国の人が、そう呼ぶなら分かるが、自ら我が国のことを、そのように呼ぶ理由はない。中国は外国であるので、中国に関することは、何事も外国のことである。そういう心でもって「漢の何々」「唐の何々」と言うべきだ。

皇国のことは、何ごとであれ、皆、自分の国のことなのだから、わざわざ国の名を付けて呼ぶべきではない。しかし昔から世の中はすべて、漢学を基礎としてきたので、万事につけ、中国のことを自分の国のように感じて、皇国をかえって外国のように扱っているのは、とても悪いことである。この事は、大和魂をしっかりと持つための、一つのきっかけとなるので、まず言っておく。

【原文】

（イ）世に物まなびのすぢしなじな有て云々、物学ビとは、皇朝の学問をいふ、そもそもむかしより、ただ学問とのみいへば、漢学のことなる故に、その学と分むために、皇国の事の学をば、和学或は国学などいふならひなれども、そはいたくわろきいひざま也、みづからの国のことなれば、皇国の学をこそ、ただ学問とはいひて、漢学をこそ、分て漢学といふべきことなれ、それももし漢学のこととまじへいひて、まぎるるところにては、皇朝学などはいひもすべきを、うちまかせてつねに、和学国学などいふは、皇国を外《よそ》にしたるいひやう也、もろこし朝鮮於蘭陀などの異国よりこそ、さやうにもいふべきことなれ、みづから吾国のことを、然いふべきよしなし、すべてもろこしは、外の国にて、かの国の事は、何事もみな外の国の事なれば、その心をもて、漢某唐某《かんなにたつなに》といふべく、皇国の事は、内の事なれば、分て国の名をいふべきにはあらざるを、昔より世の中おしなべて、漢学をむねとするならひなるによりて、万ヅの事をいふに、ただかのもろこしを、みづからの国のごとく、内にして、皇国をば、返りて外にするは、ことのこころたがひて、いみしきひがこと也、此事は、山跡魂をかたむる一端なる故に、まづいふなり

日本国のために尽力しよう

最初に述べた様々な学問のことであるが、それらの学問は、いずれもよく知っておかなければならないものばかりである。その中でも律令は、我が国の古来からの制度と、中国の制度を合わせて、作ったものだが、中国の制度に大きな影響を受けて、我が国の古来の制度を、改めている部分が多い。だから律令を学ぶ時は、そのことを知っておく必要がある。また律令関連の中国の書物（漢籍）を追究しなければ、研究できない学問なので、研究を深めるためには、漢学に力を使うことが多くなってしまう。皇国の学のためには、律令研究は労は多くして功績は少ないものとなる。これらのこともよく心得ておくべきだ。

【原文】

（ロ）かのしなじなある学びのすぢすぢ云々、これははじめにいへるしなじなの学問のことなるが、そのしなじな、いづれもよくしらではかなはざる事どもなり、そのうち律令は、皇朝の上代よりの制と、もろこしの国の制とを合せて、よきほどに定められたる物なれども、まづはもろこしによれることがちにして、皇国の古への制をば、改められたる事多ければ、これを学ぶには、其心得あるべく、又此すぢのからぶみをよく明らめざれば、事ゆかぬ学問なれば、奥をきはめんとするには、から書の方に、力を用ふること多くて、こなたの学びのためには、功《てま》の費も多き也、これらのところをもよく心得べし

さて官職や儀式だが、これも中国の制度に影響を受けたことが多いが、それほど中国の書物を使って研究することはないので、律令とは異なる。官職のことは『職員《しきいん》令《りょう》』を参考文献として、研究していくべきだ。世の学者の多くは『職原抄《しょくげんしょう》』（南北朝時代の公卿・北畠親房《きたばたちかふさ》が書いた中世の公家の官職の解説書）を研究に使っているが、こ

の書物は、後世の様子を、中心に記したものである。朝廷の様々な御定めも、時代を経るに従って、自然と変わっていくことも多いので、まずはその源流から明らかにしなければならない。

なお、官職について記した、後世の書物はとても多い。朝廷の様々な儀式のことは、『貞観儀式』、弘仁の『内裏式』〈弘仁十二〈八二一〉年に成立した勅撰の儀式書〉などが古い。その他、『江家次第《ごうけしだい》』〈天永二〈一一一一〉年に公卿・大江匡房《おおえのまさふさ》が書いた朝廷の儀式書〉は、よく参考にされている書物だ。しかしこれも、古代の儀式とは異なることが多い。『貞観儀式』などと比べてみて使うべきである。近いところでは、水戸家の『礼儀類典《れいぎるいてん》』〈水戸藩の二代藩主・徳川光圀《みつくに》が編纂させた。朝廷の儀式に関する記事を記録類から抽出〉が権威ある良い本〈礼儀類典の清書本が、朝廷に献上されたことを指す〉であるが、あまりに分量が多いので、簡単に読むことができない。

さて装束・道具については、世の中の学者は、中世以降の事柄を研究し、古代に遡って考える人は、少ない。この分野も後世の書物は沢山あるが、まずは古書から読んでいくべきだ。この古書というのは、まずは『延喜式』などである。『西宮記』『北山抄』の二つの書物には、装束や道具のことだけでなく、律令・官職・儀式、その他のことにわたって、朝廷の様々なことが記されている。必ずよく読むべき書物だ。これらの学問はいずれにしても、古代のことは六国史の記述をよく参考にするべきだ。また中世以降のことは、諸家の記録などに出ていることを、よく参考にするべきだ。

【原文】

さて官職儀式の事は、これももろこしによられたる事共も、おほくあれども、さのみから書に力をもちひて、考ふることはいらざれば、律令とはことかはれり、官職のことは、職員令をもととして、つぎつぎに明らむべし、世の学者、おほく職原抄を主とする事なれども、かの書は、後世のさまを、むねとしるされたる如くなるが、朝廷のもろもろの御さだめも、御世御世を経るままに、おのづから古へとは変り来ぬる事ども多ければ、まづその源より明らむべき也、なほ官職の事しるせる、後世の書いと多し、もろもろの儀式の事は、貞観儀式弘仁の内裏式などふるし、其外江家次第、世におしなべて用ふる書なり、されどこれも、古へとはややかはれる事ども多し、貞観儀式などと、くらべ見てしるべし、ちかく水戸の礼儀類典、めでたき書なれども、ことのほか大部なれば、たやすくよみわたしがたし、さて装束調度などのことは、世にこれをまなぶ輩、おほくは中古以来の事をのみ穿鑿して、古へへさかのぼりて考る人は、すくなし、これも後世の書ども、いとあまたあれども、まづ古書よりよく考ふべし、此古書は、まづ延喜式など也、さては西宮記北山抄、此二書は、装束調度などの学のみにはかぎらず、律令官職儀式、其外の事、いづれにもわたりて、おほよそ朝廷のもろもろの事をしるされたり、かならずよくよむべき書なり、さて件のしなじなの学問いづれもいづれも、古へざまの事は、六国史に所々其事どもの出たるを、よく参考すべし、又中古以来のことは、諸家の記録どもなどに、散出したるを、参考すべし

さて歌学びについては、後述する。昔、四道の学というものがあったが、それは皆、漢学の影響を受けた学問であるので、ここでは述べない。四道とは、紀伝（歴史と詩文）・明経《みょうぎょう》（儒教の経典学）・明法《みょうぼう》（法律学）・算道（算術）である。このなかで明法道

というのは、律令に関する学問で、前述したとおりだが、昔の律令は、現実の問題と関わっているので、現代の書物による研究とは、また別だ。

さてその他の外国の学問には、儒学・仏教学、その他、色々あるが、皆、外国のことなので、今は論じることはしない。私は、精力を外国のことに使うよりは、我が国のことに使いたいと思っている。その優劣については、しばらく措くとして、外国のことばかりに熱中して、わが国のことを知らないのは、とても残念である。

【原文】

さて歌まなびの事は、下に別にいへり、むかし四道の学とて、しなじなの有しは、みな漢ざまによれる学びなれば、ここに論ずべきかぎりにあらず、四道とは、紀伝明経明法算道これ也、此中に明法道といふは、律令などの学問なれば、上にいへると同じけれど、昔のは、その実事にかかりたれば、今の世のただ書のうへの学のみなるとは、かはり有リ、さてなほ外国の学は、儒学仏学其外、殊にくさぐさ多くあれども、皆よその事なれば、今論ずるに及ばず、吾は、あたら精力を、外の国の事に用ひんよりは、わがみづからの国の事に用ひまほしく思ふ也、その勝劣のさだなどは、姑くさしおきて、まづよその事にのみかかづらひて、わが内の国の事をしらざらんは、くちをしきわざならざらんや

大きな志を堅持せよ

すべて学問は、初めからその志を、高く大きく持って、奥深く究めてやろうと、固く思わなければいけない。この志が弱くては、学問は進まず、飽きて怠けてしまうものだ。

【原文】

（ハ）志を高く大きにたてて云々、すべて学問は、はじめよりその心ざしを、

高く大きに立テて、その奥を究めつくさずはやまじと、かたく思ひまうくべし、此志よわくては、学問すすみがたく、倦怠るもの也

枝葉末節にこだわるな

道を学ぶことに専心しなければいけない理由は、今さら言うに及ばないが、あえて言えば、まず人として、人の道とはどのようなものかということを、知らずにいてはならない。学問の志がない者は、論外だ。かりそめにも学問への志がある者は、同じことなら、道のために力を用いるべきである。であるのに、道のことを学ばずに、ただ枝葉末節のことにのみ、こだわっているのは、学問の本来のあり方ではない。さて道を学ぶについては、この天地で、特に優れた真の道が伝わっているのは、日本である。日本に生まれたことは、とても幸せなことであり、いかにしてもこの尊い皇国の

道を学ぶことは、当然のことである。

【原文】

（二）主としてよるべきすぢは云々、　道を学ぶを主とすべき子細は、今さらいふにも及ばぬ ことなれども、いささかいはば、まづ人として、人の道はいかなるものぞといふことを、しらで有べきにあらず、学問の志なきものは、論のかぎりにはあらず、かりそめにもその心ざしあらむ者は、同じくは道のために、力を用ふべきこと也、然るに道の事をば、なほざりにさしおきて、ただ末の事にのみ、かかづらひをらむは、学問の本意にあらず、さて道を学ぶにつきては、天地の間にわたりて、殊にすぐれたる、まことの道の伝はれる、御国に生れ来つるは、幸とも幸なれば、いかにも此たふとき皇国の道を学ぶべきは、勿論のこと也

異国の理屈に捉われてはいけない

道は、『古事記』と『日本書紀』の二書に記されている神代の様々な出来事のうえに現れているが、儒教や仏教の書物のように、その道がどのようなものかを、はっきりとは示していない。そのため、儒仏の書物に慣れ親しんだ目で見れば、道の有り様がどのようなものか知ることができず、とらえどころがなくなってしまう。よって昔から知識人も、これを把握することができず、悟ることができず、あるいは仏教の考えに頼ったり、あるいは儒教の考えにすがったりして、道を説いてきた。

その中でも昔は、多くを仏教に頼っていたが、百五、六十年前からは、仏教の考えに頼ることの誤りに気がついて、それを取り除いた。ところがそれらの人々の考えは、今度は儒教の考えに基づくようになり、近頃の神学者は、皆、儒教の考えでもって、道を説くようになった。その中でも色々な流派があり、少しばかりの差はあるが、大抵は皆、同じようなものだ。「神代記」をはじめ、その他の神典（神道において信仰の根拠とされる文献。代表例に『古事記』『日本書紀』）の解釈は、ただ陰陽・八卦・五行（いずれも易学の用語）など、すべて中国風の考えを基本にしており、少しも日本古代の精神に適っているものはなく、説かれているのはどれも儒教的であり、名前だけが神道という状態である。

【原文】

（ホ）**此道は、古事記書紀の二典に記されたる云々、道は此二典にしるされたる、神代のもろもろの事跡のうへに備はりたれども、儒仏などの書のやうに、其道のさまを、かやうかやうと、さして教へたることなければ、かの儒仏の書の目うつしにこれを見ては、道の趣、いかなるものともしりがたく、とらへどころなきが如くなる故に、むかしより世々の物しり人も、これをえとらへず、さとらずして、或は仏道の意により、或は儒道の意にすがりて、これを説《とき》たり、其内昔の説は、**

多く仏道によりたりしを、百五六十年以来は、かの仏道によれる説の、非なることをばさとりて、其仏道の意をば、よくのぞきぬれども、その輩の説は、又皆儒道の意に落入て、近世の神学者流みな然也、其中にも流々有て、すこしづつのかはりはあれども、大抵みな同じやうなる物にて、神代紀をはじめ、もろもろの神典のとりさばき、ただ陰陽八卦五行など、すべてからめきたるさだのみにして、いささかも古への意にかなへることなく、説クところ悉皆儒道にて、ただ名のみぞ神道にては有ける

だから世の儒学者が、こうした神道家の説を聞いて「神道というものは、最近、出来たものか」と、卑しめ笑うのも、最もだ。この神学者らは、仏教によって神道を考えることを、間違いと知りながら、自らの考えが儒教に基づいていることを、間違いとは気付いていないことは、可笑しいことである。こう言うと、彼らは「神道と儒教は、その根本は一致している。だから、儒教をもって神道を説明するのだ。仏教をもって無理にこじつけたわけではない」と主張するが、そう主張するのは、神の道を

理解していないからだ。「わけが違う」と言う理屈をつけるなら、仏教によって神道を説く人も「神道も仏の道に他ならない。一致している」と言うはずだ。

これらはともに、それぞれの道に惑っているから、そう思うのだ。本当の神道は、儒教や仏教の考えとは、全然別のものであり、一致することはないのである。すべて近頃の神道家は、今まで述べてきた感じなので、漢学者の流派の一つである宋学というものに似て、少しも脇目もふらず、ただ道を究めることに専念するが、ひたすら中国の理屈にのみとらわれて、古の精神を追究しようとはしない。その心は、皆、儒学の考えなので、深く追究すればするほど、いよいよ道の精神からは遠くなってしまう。

【原文】

されば世の儒者などの、此神道家の説を聞て、神道といふ物は、近き世に作れる事也とて、いやしめわらふは、げにことわり也、此神学者流のともがら、かの仏道によりてとけるをば、ひがことと〻しりながら、又おのが儒道によれるも、同じくひがことなる事をば、えさとらぬこそ可笑《おか》しけれ、かくいへば、そのともがらは、神道と儒道とは、その致《むね》一ツなる故に、これを仮《かり》て説也、かの仏を牽合したる類ヒにはあらず、といふめれども、然思ふは、此道の意をえさとらざる故也、もしさやうにいはば、かの仏道によりて説ク輩も又、神道とても、仏の道の外なることなし、一致也とぞいふべき、これら共に、おのおの其道に惑へるから、然思ふ也、まことの神道は、儒仏の教へなどとは、いたく趣の異なる物にして、さらに一致なることなし、すべて近世の神学家は、件のごとくなれば、かの漢学者流の中の、宋学といふに似て、いささかもわきめをふらず、ただ一すぢに道の事をのみ心がくめれども、ひたすら漢流の理窟にのみからめられて、古の意をば、尋ねんものとも思はず、其心を用るところ、みな儒意なれば、深く入ルほど、いよいよ道の意には遠き也

さてまた仏教によって古の道を説く人は、その儀式も、大抵、仏教の儀式にならって行われたものだから、さらに皇国の古の行いとは違ってくる。また近頃の儒学に捉われた神道家が「これこそ、神道の行いである」と言って行っている葬喪・祭祀など

の儀式、その他は、世俗のものとは変わって、別に一種の式を設けて行っているが、これもまた儒教の考えを交えて、行われたものが多く、昔の儀式とは全く異なっている。

すべて何事も、古において中国風を慕い用いられて、かの国の様式に改められたものだから、古代の儀式は失われて、今に伝わっていないものが多いので、詳細は分からない。とても嘆かわしいことだ。偶然、片田舎などには、古代の儀式が残っていることもあるようだが、それも仏教の影響が混じって、正しく伝わっていることは稀である。

【原文】

さて又かの仏の道によりて説るともがらは、その行法も、大かた仏家の行法にならひて、造れる物にして、さらに皇国の古への行ひにあらず、又かの近世の儒意の神道家の、これこそ神道の行ひよとて、物する事共、葬喪祭祀等の式、其外も、世俗とかはりて、別に一種の式を立て行ふも、これ又儒意をまじへて、作れること多くして、全く古への式にはあらず、すべて何事も、古への御世に、漢風をしたひ用ひられて、多くかの国ざまに改められたるから、上古の式はうせて、世に伝はらざるが多ければ、そのさだかにこまかなることは、知リがたくなりぬる、いといと歎かはしきわざ也、たまたま片田舎などには、上古の式の残れる事も有とおぼしけれども、それも猶仏家の事などのまじりて、正しく伝はれるは有がたかめり

宣長はどのような志を持っていたのか

そもそも道というものは、指導者において行い、下へは上より施すものである。下の者が、自分で勝手に定め行うものではない。

だから神学者などが、神道の儀式だといって、世間と異なるやり方をするのは、た

とえ古代の儀式の方法に適っていることがあるとしても、今の世においては私事なのだ。道は天皇が天下をお治めになる、公明正大な道であるのだから、それを自分のものにして、自ら狭く小さく説いて、神降ろしをする者の術のように、あやしい儀式をして、それを神道と名乗るのは、とてもあさましく悲しいことである。すべての下にいる者は、良くも悪くも、その時々の指導者の掟のままに従うことが、古の道の精神なのだ。私はそのように思っているので、わが家では、先祖の祀り、仏へのお供え、僧への施しなどはすべて、ただ親の代からやってきているように、世俗と変わることなく、ただこれを疎かにしないように気をつけている。

学者はただ、道を尋ねて明らかにすることに、努めるべきである。私に道を行うべきではない。であるので、十分に古の道を考え明らかにして、その趣旨を人に教え諭し、書き残しおいて、たとえ五百年、千年後であっても、指導者がこれを用い行い、天下に敷き施すようになる世を待つべきである。これが私の志である。

【原文】

そもそも道といふ物は、上に行ひ給ひて、下へは、上より敷キ施し給ふものにこそあれ、下たる者の、私に定めおこなふものにはあらず、されば神学者などの、神道の行ひとて、世間に異なるわざをするは、たとひ上古の行ひにかなへること有といへども、今の世にしては私なり、道は天皇の天下を治めさせ給ふ、正大公共の道なるを、一己の私の物にして、みづから狭く小《ちいさ》く説なして、ただ巫覡などのわざのごとく、或はあやしきわざを行ひなどして、それを神道となのるは、いともいともあさましくかなしき事也、すべて下たる者は、よくてもあしくても、その時々の上の掟のままに、従ひ行ふぞ、即チ古への道の意には有ける、吾はかくのごとく思ひとれる故に、吾家、すべて先祖の祀リ、供仏施僧のわざ等も、ただ親の世より為シ来りたるままにて、世俗とかはる事なくして、ただこれをおろそかならざらんとするのみ也、学者はただ、道を尋ねて明らめしるをこそ、つとめとすべけれ、私に道を行ふべきものにはあらず、されば随分に、古の道を考へ明らめて、そのむねを、人にもをしへさとし、物にも書キ遺《のこ》しおきて、たとひ五

百年千年の後にもあれ、時至りて、上にこれを用ひ行ひ給ひて、天下にしきほどこし給はん世をまつべし、これ宣長が志シ也

人から悪く言われることを恐れるな

神典には、その時代時代に注釈書が沢山ある。それらをさしおいて、自分が書いた本を「まず読め」と言うのは、とても傲慢な感じを受けるが、それには理由がある。その理由とは、注釈書は多いが、まず『釈日本紀』などは、道の教えを示し明らかにしたものではなく、「私記」の説もすべて未熟である。また後世の注釈書は、仏教と儒教の教えに基づいており、全く古の教えではない。それらによればかえって大きく道を害することになる。したがって、今、道を知るために読んでよいものは、一つもない。

しかし初学者が、どのように力を使っても、二典の本文を見るだけでは、道の趣を簡単に会得することはできない。そこで私の師匠の賀茂真淵先生は、世の学者が漢意に汚染されていることの弊害を悟り、丁寧にそれを諭し教えて、盛んに古学を提唱され、その力を『万葉集』に主に注がれたが、道のことまでは、詳しくは触れなかった。時折は言及されているが、力をそれに注がなかったので、普及しなかった。

なので、道については、真淵先生の説でも足らないことが多い。まず素早く道の概要を理解するには、私の著書の他に「まず読め」というべきものは、この世にない。よって『古事記伝』をも、恐縮ではあるが古書と並べて、参考文献として挙げている。こう言うと、傲慢な物言いと感じる人もいるだろうが、人から悪く言われることをはばかって、思うことを言わないのは、かえって初学者のために親切ではないので、悪く言う人には言わせておけばよい。

【原文】

（へ）初学のともがらは宣長が著したる云々、神典には、世々の注釈末書あま

たあるを、さしおきて、みづから著せる書を、まづよめといふは、大に私なるに似たれども、必ズ然すべき故あり、いで其故は、注釈末書は多しといへども、まづ釈日本紀などは、道の意を示し明したる事なく、私記の説といへども、すべていまだしくをさなき事のみ也、又その後々の末書注釈どもは、仏と儒との意にして、さらに古の意にあらず、返て大に道を害することのみ也、されば今、道のために、見てよろしきは、一つもあることなし、さりとて又初学のともがら、いかほど力を用ふとも、二典の本文を見たるばかりにては、道の趣、たやすく会得しがたかるべし、ここにわが県居ノ大人は、世の学者の、漢意のあしきことをよくさとりて、ねんごろにこれをさとし教へて、盛ンに古学を唱へ給ひしかども、其力を万葉集にむねと用ひて、道の事までは、くはしくは及ばれず、事にふれては、其事もいひ及ぼされてはあれども、力をこれにもはらと入れられざりし故に、あまねくゆきわたらず、されば道のすぢは、此大人の説も、なほたらはぬこと多ければ、まづ速に道の大意を心得んとするに、のり長が書共をおきて外に、まづ見よとをしふべき書は、世にあることなければ也、さる故に下には、古事記伝をも、おほけなく古書共にならべて、これをあげたり、かくいふをも、なほ我慢なる大言のやうに、思ひいふ人もあるべけれど、さやうに人にあしくいはれんことをはばかりて、おもひとれるすぢを、いはざらんは、かへりて初学のために、忠実ならざれば、あしくいはむ人には、いかにもいはれんかし

世の人は千年以上、中国思想に惑わされている

私が「第一に漢意・儒意を心から取り除いて」と、ひたすら言うのは、理由なく無《む》暗《やみ》に、漢意や儒意を憎んでいるからではない。大きな理由があるから言うのだ。古の道の教えが明らかでなく、人々が大きく誤解しているのは、どういうわけかと言えば、皆、この漢意に心が惑わされていて、それに妨げられているからなのだ。これは、千年以上、世の中の人の心の底に染み付いている病のようなものなので、とに

かくきれいに除き去るのは難しいものである。近頃では、道を説くのに、儒意を交えることの誤りに気づいて、これを批判する人もいると聞くが、そうした人であっても、儒意からきれいに免れることができずに、その説くところは、結局、漢意に陥ってしまう。

このようなわけなので、道を知るための要点は、まず漢意をきれいに除き去るところにあると言うのだ。これをきれいに除き去らなくては道を会得することはできない。初学者が、まず漢意をきれいに除き去って、大和魂を堅く持つことは、例えば武士が戦場に赴くときに、まず具足をしっかり備え、身を固めて出陣するようなものだ。この身の固めが不十分なまま、神典を読むというのは、甲冑を着用せず、素肌で戦い、たちまち敵によってに手傷を負うようなもので、必ず漢意に陥ってしまうだろう。

【原文】

（ト）第一に漢意儒意を云々、　おのれ何につけても、ひたすら此事をいふは、ゆゑなくみだりに、これをにくみてにはあらず、大きに故ありていふ也、その故

は、古の道の意の明らかならず、人みな大にこれを誤りしたためたるは、いかなるゆゑぞと尋ぬ　れば、みな此漢意に心のまどはされ居て、それに妨《さまた》げらるるが故也、これ千有余年、世ノ中の人の心の底に染着《しみつき》てある、痼疾なれば、とにかくに清くはのぞこりがたき物にて、近きころは、道をとくに、儒意をまじふることの、わろきをさとりて、これを破する人も、これかれ聞ゆれども、さやうの人すら、なほ清くこれをまぬかるることあたはずして、その説クところ、畢竟は漢意におつるなり、かくのごとくなる故に、道をしるの要、まづこれを清くのぞき去ルにありとはいふ也、これを清くのぞきさらでは道は得がたかるべし、初学の輩、まづ此漢意を清く除き去て、やまとたましひを堅固くすべきことは、たとへばもののふの、戦場におもむくに、まづ具足をよくし、身をかためて立出るがごとし、もし此身の固めをよくせずして、神の御典《みふみ》をよむときは、甲冑をも着ず、素膚《すはだ》にして戦ひて、たちまち敵のために、手を負ふがごとく、かならずからごころに落入べし

道を知るためには『古事記』を読もう

道を知るためには、特に『古事記』をまず学ぶべきだ。まず神典は『旧事紀《くじき》』（『先代旧事本紀《せんだいくじほんき》』が正式名称。神代から推古天皇までを扱った歴史書）『古事記』『日本書紀』を昔から「三部の本書」といって、そのなかでも、世の学者は『日本書紀』を中心に学んでいた。次に『旧事紀』は、聖徳太子の著作と考えられ、よく使われたが『古事記』はそれほど尊重されず、深く心にとめる人もいなかった。ところが、近年になって、ようやく『旧事紀』は真の書ではなく、後世の人が編纂したものであることが分かって、今はほとんどこれを使う人はいなくなった。それで『古事記』が素晴らしいものであることを知る人が多くなった。これもすべて、私の師匠の賀茂真淵先生の教えによって、学問の道が大きくひらけたからだ。

『古事記』は、漢文の装飾がまじっておらず、ただ古からの伝説そのままであり、書き方がとても優れている。古代の様子を知るのに、『古事記』以上のものはなく、そのうえ神代のことも、『日本書紀』より詳細に多く記されているので、道を知るための第一の古典として、古学を学ぶ者が、尊重するべきものはこの『古事記』である。

【原文】

（チ）道をしらんためには、殊に古事記をさきとすべし、まづ神典は、旧事紀古事記日本紀を、昔より、三部の本書といひて、其中に世の学者の学ぶところ、日本紀をむねとし、次に旧事紀は、聖徳太子の御撰として、これを用ひて、古事記をば、さのみたふとまず、深く心を用る人もなかりし也、然るに近き世に至りてやうやう、旧事紀は真の書にあらず、後の人の撰び成せる物なることをしりそめて、今はをさをさこれを用る人はなきやうになりて、古事記のたふときことをしれる人多くなれる、これ全く吾師ノ大人の教へによりて、学問の道大にひらけたるが故也、まことに古事記は、漢文のかざりをまじへたることなどなく、ただ

古へよりの伝説のままにて、記しざまいとめでたく、上代の有さまをしるに、これにしく物なく、そのうへ神代の事も、書紀よりは、つぶさに多くしるされたれば、道をしる第一の古典にして、古学のともがらの、尤尊み学ぶべきは此書也

であるので、私は壮年の頃から、数十年間、全力を注いで『古事記』の注釈書四十四巻を書いて、古を学ぶための道しるべとした。『古事記』は古い伝説のまま記されてある書物なのに、その文体はなぜ漢文体なのかといえば、奈良時代までは、仮名文字がなかったので、書物はすべて、漢文で書く習慣であったからだ。そもそも文字や書籍は、もともと中国で出来たもので、皇国に伝来しても、その用法は、中国での記し方をそのまま模倣して書いた。言語の構造は違うが、片仮名も平仮名も誕生する以前は、最初の習慣のまま、皆、漢文で書いたのだ。仮名文字で書くようになったのは、いろは仮名（仮名のこと）ができてから後のことである。いろは仮名は、今の京（平安京）になった後に出来たものだ。だから古い書物がどれも漢文で書かれているのは、古の世の習慣であって、後世のように、好んで漢文で書いたのではない。

【原文】

然るゆゑに、己レ壮年より、数十年の間、心力をつくして、此記の伝四十四巻をあらはして、いにしへ学ビのしるべとせり、さて此記は、古伝説のままにしるせる書なるに、その文のなほ漢文ざまなるはいかにといふに、奈良の御代までは、仮字文といふことはなかりし故に、書はおしなべて、漢文に書るならひなりき、そもそも文字書籍は、もと漢国より出たる物なれば、皇国に渡り来ても、その用ひやう、かの国にて物をしるす法のままにならひて書キそめたるにて、ことかしこと、語のふりはたがへることあれども、片仮字も平仮字もなき以前は、はじめよりのならひのままに、物はみな漢文に書たりし也、仮字文といふ物は、いろは仮字出来て後の事也、

いろは仮字は、今の京になりて後に、出来たり、されば古書のみな漢文なるは、古への世のなべてのならひにこそあれ、後世のごとく、好みて漢文に書るにはあらず

皇国の言葉のままに

さて歌は、特に言葉の綾をなすものであり、一文字でも間違えたら、いけない。だから古い書物でも、歌は仮名で書いた。それを真仮名（日本語音を表した漢字）という。また祝詞や宣命なども、言葉を整えて飾るものなので、漢文で書くのが難しく、特別な書き方（漢字による文章表記）があるのだ。しかし後世では、片仮名・平仮名があるので、すべてのことを皇国の言葉のままに、どのようにでも自由に書けるようになった。そのため昔のように、漢文で書くことはなくなった。便利で正しい方法を棄てて、正しくない不便な方法を使うのは、愚かである。このようなことを理解できない人は、古い書物が皆、漢文であるのを見て、今も漢文で書くことがよいと思っている。これはよくないことだ。

諸家の記録や一般の文書、手紙の類は、後世も漢文で書くのが習慣であって、これを「男文字・男文《ぶみ》」といい、いろは仮名を「女文字」、仮名文を「女文」というのは、男は自ら古い習慣に従い、女は利便性を重んじ、沢山、いろは仮名をのみ使ったことから来ている。

【原文】

さて歌は、殊に詞にあやをなして、一もじもたがへては、かなはぬ物なる故に、古書にもこれをば、別に仮字に書り、それも真仮字也、又祝詞宣命なども、詞をととのへかざりたる物にて、漢文ざまには書がたければ、これも別に書法有し也、然るを後世に至りては、片仮字平仮字といふ物あれば、万の事、皇国の語のままに、いかやうにも自由に、物はかかるることなれば、古へのやうに、物を漢文に書べきことにはあらず、便よく正しき方をすてて、正しからず不便なるかたを用るは、いと愚也、上件の子細をわきまへざる人、古書のみな漢文なるを見て、今も物は漢文に書クをよきことと心得たるは、ひがこと也、然るに諸家の記録其外、つねの文書消息文などのたぐひは、なほ後世までも、みな漢文ざまに書クならひにて、これを男もじ男ぶみといひ、いろは仮字をば女もじ、仮字文をば、女ぶみとしもいふなるは、男はおのづからかの古へのならひのままに為シ来り、女は便にまかせて、多くいろは仮字をのみ用ひたるから、かかる名目も有也

『日本書紀』を読むときは注意が必要だ

『日本書紀』は、朝廷の正史と認められて、いつの時代でも、『日本書紀』を参考にして学問が行われ、学者も『日本書紀』を中心に学んできた。確かに『古事記』は、文章の書き様は、とても優れて尊いが、神武天皇より以降の記事は、とても少なく、詳しくない。『日本書紀』は広く詳しく記されていて、これに敵うものはない。とても貴重な文献だ。これなくしては、古代のことを詳しく知る術《すべ》はない。

しかしながら、漢文による誇張が多く、『日本書紀』を読むには、初めから注意が必要だ。ところが世間の神学者は、そのことを理解せず、ただ文章を真《ま》に受けて、漢文の潤色した箇所を読んで、喜び尊んで、特別に入れ込んでいる。それで解釈が中国風の理屈となって、古の教えと大きく違ってしまう。これらのことは、大抵は『古事記伝』の首巻に書いた。なおまた別に、『神代紀髻華山蔭《じんだいきうずのやまかげ》』（宣長著。日本書紀の神代巻の約三百の語句について注釈を加えた）という書物にも書いたので、読んでほしい。

【原文】

（リ）書紀をよむには大に心得あり云々、書紀は、朝廷の正史と立られて、御世御世万の事これによらせ給ひ、世々の学者も、これをむねと学ぶこと也、まことに古事記は、しるしざまは、いとめでたく尊けれども、神武天皇よりこなたの、御代御代の事をしるされたる、甚あらくすくなくして、広からず、審ならざるを、此紀は、広く詳にしるされたるほど、たぐひなく、いともたふとき御典也、此御典なくては、上古の事どもを、ひろく知べきよしなし、然はあれども、すべて漢文の潤色多ければ、これをよむに、はじめよりその心得なくてはあるべからず、然るを世間の神学者、此わきまへなくして、ただ文のままにこころえ、返て漢文の潤色の所を、よろこび尊みて、殊に心を用るほどに、すべての解し様、ことごとく漢流の理屈にして、いたく古への意にたがへり、これらの事、大抵は古事記伝の首巻にしるせり、猶又別に、神代紀のうずの山蔭といふ物を書ていへり、ひらき見るべし

歴史書について

六国史のうち『日本後紀』（全四十巻）は、どういうわけか、無くなって伝わっていない。今日、二十巻あるのも、完全なものではない。しかし最近、鴨祐之《かものすけゆき》（儒者・山崎闇斎《やまざきあんさい》の高弟）という人が『類聚国史《るいじゅこくし》』を基にして、他の信用できる古書などを参

考にして『日本逸史《にほんいっし》』（享保九〈一七二四〉年に刊行）という書物四十巻を編纂した。『日本後紀』の代わりは、この書物で十分だ。『類聚国史』は、六国史に記された色々な記事を分野別に分けたもので、菅原道真（平安時代の貴族。藤原氏に讒訴《ざんそ》され、大宰府《だざいふ》に左遷《させん》）の編纂した書物である。

さて『三代実録』以降は、勅撰（天皇の命令によって書物を編纂すること）の歴史書はない。よって、宇多《うだ》天皇（平安時代初期の天皇）より以後の時代のことは、他の様々な書物を見なければいけない。それらの書物には、勅撰の歴史書に劣らないものも、沢山ある。水戸の『大日本史』は、神武天皇より、後小松《ごこまつ》天皇（北朝最後の天皇であり、明徳三〈一三九二〉年の南北朝合一後も在位）が後亀山《ごかめやま》天皇（南朝最後の天皇。南北朝合一により退位）から皇位を受け継ぐまでのことが記されてあって、とても優れたものである。

【原文】

（ヌ）六国史といふ云々、六国史のうち日本後紀は、いかにしたるにか、亡《うせ》て伝はらず、今それとて廿巻あるは、全き物にあらず、然るに近き世、鴨ノ祐之といひし人、類聚国史をむねと取リ、かたはら他の正しき古書共をもとり加ハへて、日本逸史といふ物四十巻を撰定せる、後紀のかはりは、此書にてたれり、類聚国史は、六国史に記されたる諸の事を、部類を分ケ聚めて、菅原ノ大臣の撰給へる書也、さて三代実録の後は、正しき国史は無し、されば宇多ノ天皇よりこなたの御世御世の事は、ただこれかれかたはらの書共を見てしること也、其書ども、国史のたぐひなるも、あまた有、近世水戸の大日本史は、神武天皇より、後小松ノ天皇の、後亀山ノ天皇の御禅を受させ給へる御事までしるされて、めでたき書也

宣命について

『日本書紀』に記載されている代々の詔勅（天皇の命令を伝える文書）は、皆、漢文

のみで書かれているが『続日本紀』以後の歴史書には、和文で書かれた詔《みことのり》も載せられている。これを宣命という。『続日本紀』は、時代が遡るので、特に古語が多い。その後の歴史書を見ると、次第に古語は少なくなって、漢語が多く混じってくる。宣命だけに限らず、何事も、中国風のところを排除して、日本の古代めいた事柄や言葉は、どのような文献にあるものでも、特に注意して見るべきだ。昔のことを知る助けになるからだ。

【原文】

(ル) 御世御世の宣命には云々、書紀に挙られたる、御世御世の詔勅は、みな漢文なるのみなるを、続紀よりこなたの史共には、皇朝詞の詔をも、載せられたる、これを分て宣命といふ也、続紀なるは、世あがりたれば、殊に古語多し、その次々の史どもなる、やうやうに古き語はすくなくなりゆきて、漢詞おほくまじれり、すべて宣命にはかぎらず、何事にもせよ、からめきたるすぢをはなれて、皇国の上代めきたるすぢの事や詞は、いづれの書にあるをも、殊に心をとどめて

見るべし、古へをしる助ケとなること也、

初心者は珍本を得ようとするな

『釈日本紀』（鎌倉時代末期の日本書紀の注釈書。全二十八巻）は、後世のものなので、説もすべてつたないところがあるが、今には伝わっていない古書を、あれこれと引用しており、その中に、とても珍しく貴重なものがある。諸国の風土記なども、皆、今には伝わっていないが、その一部は、この書（『釈日本紀』）と仙覚《せんがく》（鎌倉時代初期の学問僧）の『万葉集』の注釈書に引用されている文章によって、世に残っている。これは、特に古学の役に立つ。また、昔の私的な記録も今に伝わっていないが、この注釈書には沢山取り上げられている。私的な記録も、ほとんどつたないものだが、古いだけあって、さすがに見るべきところがある。

さて、六国史をはじめ、ここに列挙した書物はいずれも、版本も写本も誤字脱字が多いので、古い本を参考にして、校正するべきだ。しかし、古本は、簡単には手に入らないので、まずは人が校正した本を借りるなどして、次々に修正するべきである。

さて、またついでに言っておこう。今の世の中は、昔のことを尊び好む人が増えてきた。それによって、珍しい古書で、知られないまま埋もれていたものが発見されるようになった。だが、その中には偽書も多くある。その真偽は、鑑定眼がある人なら見分けることができるが、初学者には見分けることができないので、偽書に騙《だま》されることがある。気を付けないといけない。なので、初学者のうちは、珍しい本を得ることを控えるべきだ。

【原文】

（ヲ）釈日本紀、　此書は後の物にて、説もすべてをさなけれども、今の世には伝はらぬ古書どもを、これかれと引出たる中に、いとめづらかに、たふときことどもの有也、諸国の風土記なども、みな今は伝はらざるに、此書と仙覚が万葉の抄とに、引出たる所々のみぞ、世にのこれる、これ殊に古学の用なり、又むかしの私記どもも、皆亡ぬるを、此釈には、多く其説をあげたり、私記の説も、すべてをさなけれども、古き故に、さすがに取ルべき事もままある也、さて六国史をはじめて、ここに挙たる書共いづれも、板本も写本も、誤字脱文等多ければ、古本を得て、校正すべし、されど古本は、たやすく得がたきものなれば、まづ人の校正したる本を、求め借りてなりとも、つぎつぎ直すべき也、さて又ついでにいはむ、今の世は、古へをたふとみ好む人おほくなりぬるにつきては、おのづからめづらしき古書の、世に埋れたるも、顕れ出る有リ、又それにつきては、偽書も多く出るを、その真偽は、よく見る人は、見分れども、初学の輩などは、え見分ねば、偽書によくはからるる事あり、心すべし、されば初学のほどは、めづらしき書を得んことをば、さのみ好むべからず、

『古事記伝』を読もう

『古事記伝』という、自ら書いた書物を、素晴らしい古書とともに列挙するのは、不《ふ》遜《そん》に思われるかもしれないが、前述したように、古代のことを詳しく解説し、古学の心がまえを詳細に述べた書物は、他にないのである。だから、同じことなら、『古事記伝』を『古事記』『日本書紀』とともに、初学の頃から読んでもよいが、巻数が多いので、ここに挙げたのだ。

【原文】

（ワ）古事記伝云々、　みづから著せる物を、かくやむことなき古書どもにならべて挙るは、おふけなく、つつましくはおぼゆれども、上にいへるごとくにて、上代の事を、くはしく説キ示し、古学の心ばへを、つまびらかにいへる書は、外になければぞかし、されば同じくは此書も、二典とまじへて、はじめより見てよろしけれども、巻数多ければ、ここへはまはしたる也

古学の開拓者たち

古学とは、後世の学説に拠るのではなく、何事も古書によって、根本を考え、古代のことを詳しく明らかにする学問だ。この学問は、最近、始まった。契沖法師が、歌の本に限ってだが、古学の研究方法を開拓した。この人こそ、古学の祖というべきである。次に少し遅れて、羽倉大人《はぐらのうし》、荷田春満《かだのあずままろ》という人が、歌の本のみならず、すべての古書に、古学の研究を及ぼした。こうして、我が師匠の賀茂真淵先生が、春満先生の教えを継いで、東国に行き、江戸に住んで、盛んに古学を唱えたので、古学は世

に広まったのだ。奈良時代以前の、古代の様々なことを詳しく考えて、手にとるように知られるようになったのは、もっぱら真淵先生の古学の教えの功績なのだ。

【原文】

（カ）古学の輩の、古学とは、すべて後世の説にかかはらず、何事も、古書によりて、その本を考へ、上代の事を、つまびらかに明らむる学問也、此学問、ちかき世に始まれり、契沖ほふし、歌書に限りてはあれど、此道すじを開きそめたり、此人をぞ、此まなびのはじめの祖《おや》ともいひつべき、次にいささかおくれて羽倉ノ大人、荷田ノ東麻呂ノ宿禰と申せしは、歌書のみならず、すべての古書にわたりて、此こころばへを立テ給へりき、かくてわが師あがたゐの大人、この羽倉ノ大人の教をつぎ給ひ、東国に下り江戸に在て、さかりに此学を唱へ給へるよりぞ、世にはあまねくひろまりにける、大かた奈良ノ朝よりしてあなたの古への、もろもろの事のさまを、こまかに精《くわ》しく考へしりて、手にもとるばかりになりぬるは、もはら此大人の、此古学のをしへの功にぞ有ける

神は細部に宿る――理解できるところを深く味わえ

文字の意味が分かりにくいところを、初めから一つひとつ解明しようとすると、滞《とどこお》ってしまって進まないことがあるので、分からないところは、そのままにしておけばよい。特に、難しいと考えられている箇所を、まず知ろうとするのは、良いやり方ではない。よく分かるところを、気をつけて、深く味わうべきだ。よく分かっていることだと思い、適当に見過ごせば、微妙な意味合いが理解できず、また誤解して解釈していても、いつまでも、その誤りに気がつかない。

【原文】

（ヨ）初心のほどは、かたはしより文義を云々、文義の心得がたきところを、はじめより、一々に解せんとしては、とどこほりて、すすまぬことあれば、聞えぬところは、まづそのままにて過すぞよき、殊に世に難き事にしたるふしぶしを、まづしらんとするは、いといとわろし、ただよく聞えたる所に、心をつけて、深く味ふべき也、こはよく聞えたる事也と思ひて、なほざりに見過せば、すべてこまかなる意味もしられず、又おほく心得たがひの有て、いつまでも、其誤リをえさとらざる事有也

宣長自作の歌を披露

それ以上のことは、いちいち諭し教えるには、及ばない――この心のありようを思って詠んだ歌がある。「とる手火《たひ》も　今はなにせむ　夜は明けて　ほがらほがらと道見えゆくを」（手に持つ松明《たいまつ》も、今では必要ない。夜は明けて、明るくなって、道も

よく見えているのだから）。

【原文】

（タ）其末の事は、一々さとし教るに及ばず、此こころをふと思ひよりてよめる歌、筆のついでに、「とる手火も今はなにせむ夜は明てほがらほがらと道見えゆくを」

読書の分野は広すぎてはいけない

広くも見るべく云々のところだが、博識とか言って、随分、多分野の本を広く読むのもよいが、そうすると、とても重要な書物を読むことが、自ずから疎かになってしまうので、必ずしも広く読むのが、良いとは言えない。また、あれこれと広く心を分散させることは、助けにもなれば、また害になることもある。これらのことを、よく考えなければならない。

【原文】

（レ）ひろくも見るべく又云々、博識とかいひて、随分ひろく見るも、よろしきことなれども、さては緊要の書を見ることの、おのづからおろそかになる物なれば、あながちに広きをよきこととのみもすべからず、その同じ力を、緊要の書に用るもよろしかるべし、又これかれにひろく心を分るは、たがひに相たすくることもあり、又たがひに害となることもあり、これらの子細をよくはからふべき也

五十音図の扱いについて

これは、いわゆる仮字反の法（反とは反切のこと。反切は、漢字の音を示すために用いられる表音法。日本では中世頃から、五十音図を使い反切をする仮名反が行われた）、竪横の通用（竪・横とは五十音図の行と段のこと。同じ行・同じ段の間では、音が通用するとされた）、言葉の延び・約《つづ》め（一言を延べて二言に。二言を約めて一言に）のことであり、古語を解明するために必要なものである。必ず初めから心がけて学ばねばならない。仮名遣いは、古代のものを言うのである。近世風の歌詠み（宮廷歌人の系統）が参考とする仮名遣いは、中世以後のものであって、古い書物には使われていない。

【原文】
（ソ）五十音のとりさばき云々、これはいはゆる仮字反シの法、音の堅横の通用の事、言の延《のべ》つづめの例などにつきて、古語を解キ明らむるに、要用のこと也、かならずはじめより心がくべし、仮字づかひは、古へのをいふ、近世風の歌よみのかなづかひは、中昔よりの事にて、古書にあはず、

語源の解釈に没頭してはいけない理由

語釈は緊要にあらず。語釈とは、様々な言葉の、元々の意味を考えて、解釈することだ。例えば「天《あめ》」というのはどういう意味か、「地《つち》」というのはどういう意味かなどと、解釈する類のことである。これは学者がまず知りたがることだが、これにあまり没頭してはいけない。良い考えは出てこないだろうし、解明しがたいことだからで

ある。知らなくても困ることはないし、知っていたとしても役には立たない。

したがって、様々な言葉は、その語源を考えるよりは、昔の人の使い方をよく考えて、これこれの言葉は、これこれの意味に使われているということを、よく明らかにし知ることが大切だ。言葉が使われた意味を知らなければ、文の意味は理解できないし、自分で文字を書く時も、言葉の使い方を間違うものだ。

しかし、今の世の古学者たちは、ひたすら言葉の語源を追究しようとすることだけを心がけて、使われた意味についてはいいかげんに放ったままなので、書物の解釈を誤り、自らの歌文でも、言葉の使い方を間違えて、多くは変なことになってしまうのだ。

【原文】

（ツ）語釈は緊要にあらず、語釈とは、もろもろの言の、然云フ本の意を考へて、釈《とく》をいふ、たとへば天《あめ》といふはいかなること、地《つち》といふはいかなることと、釈《と》くたぐひ也、こは学者の、たれもまづしらまほしがることなれども、これにさのみ

深く心をもちふべきにはあらず、こは大かたよき考へは出来がたきものにて、まづはいかなることとも、しりがたきわざなるが、しひてしらでも、事かくことなく、しりてもさのみ益なし、されば諸の言は、その然云フ本の意を考へんよりは、古人の用ひたる所をよく考へて、云々の言は、云々の意に用ひたりといふことを、よく明らめ知るを、要とすべし、言の用ひたる意をしらでは、其所の文意聞えがたく、又みづから物を書クにも、言の用ひやうたがふこと也、然るを今の世古学の輩、ひたすら然云フ本の意をしらんことをのみ心がけて、用る意をば、なほざりにする故に、書をも解し誤り、みづからの歌文も、言の意用ひざまたがひて、あらぬひがこと多きぞかし

大和魂は堅固になりにくい

漢籍（漢文で書かれた中国の書籍）をも交えて読むべきだ。漢籍を読むのも、学問のためには益が多い。大和魂をしっかりと持って、動くことがなければ、昼夜、漢籍を読んでいても、それに惑わされる心配はない。しかし、世の人は、とかく大和魂は堅固になりにくいので、漢籍を読むと、言葉が巧みなことに惑わされて、圧倒されてしまうのが通例だ。言葉が巧みなこととは、文章に気品があるということではない。表現が巧みで、人の気を惹《ひ》きやすく、惑わされやすいことを言うのだ。すべて漢籍は、言葉巧みに、物事の理屈を論じて、利口そうに議論するので、人は飛びついてしまう。学問以外の実生活においても、弁舌さわやかに、理屈がとおった物言いをする人の言葉には、皆、なびきやすいものだが、漢籍もそのようなものと心得ておこう。

【原文】

（ネ）からぶみをもまじへよむべし、漢籍を見るも、学問のために益おほし、やまと魂だによく堅固まりて、動くことなければ、昼夜からぶみをのみよむといへども、かれに惑はさるゝうれひはなきなり、然れども世の人、とかく倭魂《やまと》かたまりにくき物にて、から書をよめば、そのことよきにまどはされて、たぢろきやすきならひ也、ことよきとは、その文辞を、麗《うるわ》しといふにはあらず、詞の巧にして、人の思ひつきやすく、まどはされやすきさまなるをいふ也、すべてから書は、言巧にして、ものの理非を、かしこくいひまはしたれば、人のよく思ひつく也、すべて学問すぢならぬ、よのつねの世俗の事にても、弁舌よく、かしこく物をいひまはす人の言には、人のなびきやすき物なるが、漢籍もさやうなるものと心得居べし

書きながら、本を読もう

古書の注釈を作れとのことだが、書物を読む場合、ただ何となく読む時は、どれほど詳しく見ようと思っても、限界があるが、自分で注釈をしようと心がけて読む時には、どんな書物であっても、特に意識して見るので、読み方が厳密になる。また関連して、他にも役に立つことが多い。したがって、注釈が完成しなくても、学問にとって、とても有益なのだ。これは注釈に限らず、何事にしても、書きながら読むことを心がけるべきである。

【原文】

（ナ）古書の注釈を作らんと云々、　書をよむに、たゞ何となくてよむときは、

いかほど委く見んと思ひても、限りあるものなるに、みづから物の注釈をもせんと、こころがけて見るときには、何れの書にても、格別に心のとまりて、見やうのくはしくなる物にて、それにつきて、又外にも得る事の多きもの也、されば其心ざしたるすぢ、たとひ成就はせずといへども、すべて学問に大に益あること也、是は物の注釈のみにもかぎらず、何事にもせよ、著述をこころがくべき也

神の道は善悪の是非を議論しない

『万葉集』をよく学ぶべきだ。『万葉集』は、歌集であるのに、『古事記』『日本書紀』の次に紹介して、道を知るのに、とても有益だというのは、納得いかない人も多いだろうが、私の師匠（賀茂真淵先生）の古学の教えは、ひたすら『万葉集』のなかにある。その教えの中に「古の道を知ろうとするならば、まず古の歌に学び、古風な

歌を詠み、次に古の文章を学び、古風な文章を書き、古い言葉をよく知ってから古事記・日本書紀をよく読むべきだ。古い言葉を知らなくては、意味を理解することはできない」という心得を常々、教えてくれた。この教えは、回りくどいように思うが、そうではない。

【原文】

（ラ）万葉集をよくまなぶべし、此書は、歌の集なるに、二典の次に挙て、道をしるに甚ダ益ありといふは、心得ぬことに、人おもふらめども、わが師ノ大人の古学のをしへ、専ラここにあり、其説に、古への道をしらんとならば、まづいにしへの歌を学びて、古風の歌をよみ、次に古の文を学びて、古へぶりの文をつくりて、古言をよく知リて、古事記日本紀をよくよむべし、古言をしらでは、古意はしられず、古意をしらでは、古の道は知リがたかるべし、といふこころばへを、つねづねいひて、教へられたる、此教へ迂遠《まわりどお》きやうなれども、然らずその理由は、まず大抵の人は、言葉と行為と心とが、呼応して、よく似ているものだ。例えば、心が素晴らしい人は、その言葉も、その行為も、それに応じて素晴らしく、心が劣っている人は、言葉も行為も、それに応じて劣っているものだ。また、男は、心で思っていることも言葉も、男の佇まいがある。女は、心で思っていることも、言葉も行為も、女の佇まいがある。なので、時代時代の差も、このような感じで、心も言葉も、古代の人は古代の様、中世の人は中世の様、後世の人は後世の様があって、おのおの、その言葉と行為と心は、呼応して、似ているものだ。今の世にあって、古代の人の言葉や心を、考え知ろうとする時に、古代の人が言ったことは、歌となって伝わり、成した事業は歴史書に記されて伝わっているが、その歴史書も言葉で記されているのだから、言葉に他ならない。心の有り様も、また歌によって知ることができる。言葉と行為と心は、その様は関連しているのだから、後世において、昔の人が心に感じたことや行為を知って、その時代の様子を正しく知る術は、古い言葉や古い歌に求めるべきなのだ。

【原文】

その故は、まづ大かた人は、言《ことば》と事《わざ》と心《こころ》と、そのさま大抵相かなひて、似たる物にて、たとへば心のかしこき人は、いふ言のさまも、なす事のさまも、それに応じてかしこく、心のつたなき人は、いふ言のさまも、なすわざのさまも、それに応じてつたなきもの也、又男は、思ふ心も、いふ言も、なす事も、男のさまあり、女は、おもふ心も、いふ言も、なす事も、女のさまあり、されば時代時代の差別も、又これらのごとくにて、心も言も事も、上代の人は、上代のさま、中古の人は、中古のさま、後世の人は、後世のさま有て、おのおのそのいへる言となせる事と、思へる心と、相かなひて似たる物なるを、今の世に在て、その上代の人の、言をも事をも心をも、考へしらんとするに、そのいへりし言は、歌に伝はり、なせりし事は、史に伝はれるを、その史も、言を以て記したれば、言の外ならず、心のさまも、又歌にて知ルべし、言と事と心とは其さま相かなへるものなれば、後世にして、古の人の、思へる心、なせる事をしりて、その世の有さまを、まさしくしるべきことは、古言古歌にある也さて、古の道は、記紀に記された神代や古代にあった事柄の中に明らかに含まれているので、古い言葉や歌をよく理解して、これら古の出来事を見たならば、その道の意味が自ずから明らかとなる。そうであるので、以前、初学者は、まず『神代正語』をよく読んで、古語に馴染むようにと言ったのだ。『古事記』は、古い伝説のままに記されてはいるが、漢文なので、正しく古い言葉を学習するにおいては『万葉集』には及ばない。『日本書紀』は、特に漢文の装飾が多いので、なおさらだ。

さて、記紀に載っている歌は、古代のものであるので、特に古い言葉や心を知るための第一の至宝である。しかし、その数は多くないので、深く考えるには、物足りない。『万葉集』は、歌の数が多いので、古い言葉は漏れなく伝わっている。よって『万葉集』を第一に学べと、師匠も教えたのだ。すべて神の道は、儒や仏などの道のように、善悪の是非を理屈っぽく議論するようなことはない。ただ、豊かで大らかで、雅なものであり、歌の趣にも、よく適っている。さて、この『万葉集』を読むうえで、今の本は、誤字がとても多く、訓みも悪いものが多い。初学者は、そこに注意しなければいけない。

【原文】

さて古の道は、二典の神代上代の事跡のうへに備はりたれば、古言古歌をよく得て、これを見るときは、其道の意、おのづから明らかなり、さるによりて、上にも、初学のともがら、まづ神代正語をよくよみて、古語のやうを口なれしれとはいへるぞかし、古事記は、古伝説のままに記されてはあれども、なほ漢文なれば、正《まさ》しく古言をしるべきことは、万葉には及ばず、書紀は、殊に漢文のかざり多ければ、さら也、さて二典に載れる歌どもは、上古のなれば、殊に古言古意をしるべき、第一の至宝也、然れどもその数多からざれば、ひろく考るに、ことたらざるを、万葉は、歌数いと多ければ、古言はをさをさもれたるなく、伝はりたる故に、これを第一に学べとは、師も教へられたる也、すべて神の道は、儒仏などの道の、善悪是非をこちたくさだせるやうなる理窟は、露ばかりもなく、ただゆたかにおほらかに、雅たる物にて、歌のおもむきぞ、よくこれにかなへりける、

さて此万葉集をよむに、今の本、誤字いと多く、訓もわろきことおほし、初学のともがら、そのこころえ有べし

何事も自分のことのように考えよう

自らも古風な歌を学び、詠むべきだ。すべての物事は、他人の身の上のことと考えるのと、自分のこととして想うのとでは、浅い深いの差が現れてくる。他人事なら、どれほど深く思っても、自分のことほどには、深くは考えない。歌も同じで、古歌をどれほど深く考えても、他人事のように思えば、どうしても深い考えには至らないものだ。しかし、自分で歌を詠むようになると、自分のことなので、心を尽くすこと格別で、深い意味を知ることができる。そうであるから、師匠の賀茂真淵先生も「自ら古風の歌を詠み、古風な文章を書け」と教えたのだ。

【原文】

（ム）みづからも古風の歌をまなびてよむべし、すべて万ヅの事、他のうへにて思ふと、みづからの事にて思ふとは、浅深の異なるものにて、他のうへの事は、いかほど深く思ふやうにても、みづからの事ほどふかくはしまぬ物なり、歌もさやうにて、古歌をば、いかほど深く考へても、他のうへの事なれば、なほ深くいたらぬところあるを、みづからよむになりては、我ガ事なる故に、心を用ること格別にて、深き意味をしること也、さればこそ師も、みづから古風の歌をよみ、古ぶりの文をつくれとは、教へられたるなれ

文章については、古文は『延喜式』八の巻の色々な祝詞、『続日本紀』の代々の宣命などが古語のままに残っている文だ。記紀の中にも、所々に古語のままの文がある。その他の古書にも、時々、古文が混じっていることがある。それらを参考にして、模範とするべきだ。『万葉集』は歌集であるから、歌と文とでは、言葉の異なることも

ある。しかし、歌と文の言葉遣いの規則をよく弁《わきま》えて選ぶようにすれば、歌の言葉も多くは文にも使えるので、古文を作る学びに『万葉集』は必要な書物だ。なお、文を作るための学び方や心得は、古体（漢詩の形式の一つ。漢・魏・六朝時代の詩体の通称）・近体（漢詩の形式の一つで、唐代初期に完成）、時代の様など、色々と言うべきことは多くあるが、ここでは述べ尽くすことはできない。大抵は、歌になぞらえて、心得ればよい。そのうち、文には様々な種類があり、その種類によって、言葉の使い方、その他、すべての書き方が変わることが多いので、その心構えが必要だ。様々な種類とは、序（序文）・論（自分の意見を主張する文）・紀事（事実の経過を記した文章）・消息のことだ。

【原文】

文の事は、古文は、延喜式八の巻なる諸の祝詞、続紀の御世御世の宣命など、古語のままにのこれる文也、二典の中にも、をりをりは古語のままなる文有リ、其外の古書共にも、をりをりは古文まじれることあり、これかれをとりて、のりとすべし、万葉は歌にて、歌と文とは、詞の異なることなどあれども、歌と文との、詞づかひのけぢめを、よくわきまへえらびてとらば、歌の詞も、多くは文にも用ふべきものなれば、古文を作る学びにも、万葉はよく学ばでかなはぬ書也、なほ文をつくるべき学びかた、心得なども、古体近体、世々のさまなど、くさぐさいふべき事多くあれども、さのみはここにつくしがたし、大抵歌に准へても心得べし、そのうち文には、いろいろのしなあることにて、其品によりて、詞のつかひやう其外、すべての書キやう、かはれること多ければ、其心得有べし、いろいろのしなとは、序、或は論、或は紀事、或は消息など也

さて、後世になって、万葉風の歌を好んで詠む人は、ただ鎌倉の右大臣殿（鎌倉幕府三代将軍・源実朝。和歌集に『金槐集』）のみであり、他には聞かない。が、わが師・賀茂真淵先生が詠まれるようになって、その教えによって、世の中に万葉風の歌を詠む人が多くなったけれども、その人たちが志すところは、必ずしも、古の道を明らかにするために詠むというのではない。多くはただ歌を好み弄《もてあそ》ぶのみで、その志は、

近世風の歌詠みの人たちと同じである。よい歌を詠もうと心がけるところも、近世風の歌人と何も変わるところがない。それについては、道のために学ぶということは暫くおいて、今はただ歌についての心得を言おう。そもそも歌は、心に思うことを、言い述べる方法の中でも、日常の言葉と違い、必ず言葉に綾をなして、調べを麗しく整えることを道とする。これは、神代の初めからそうであった。言葉の調べに関係なく、ただ思うことをそのまま言うのは、日常の言葉であって、歌とはいえない。

【原文】

さて後世になりて、万葉ぶりの歌を、たててよめる人は、ただ鎌倉ノ右大臣殿のみにして、外には聞えざりしを、吾師ノ大人のよみそめ給ひしより、其教によりて、世によむ人おほく出来たるを、其人どもの心ざすところ、必しも古の道を明らめんためによむにはあらず、おほくはただ歌を好みもてあそぶのみにして、その心ざしは、近世風の歌よみの輩と、同じこと也、さればよき歌をよみ出むと心がくることも、近世風の歌人とかはる事なし、それにつきては、道のために学ぶすぢをば、姑くおきて、今は又ただ歌のうへにつきての心得どもをいはんとす、そもそも歌は、思ふ心をいひのぶるわざといふうちに、よのつねの言とはかはりて、必ズ詞にあやをなして、しらべをうるはしくととのふる道なり、これ神代のはじめより然り、詞のしらべにかかはらず、ただ思ふままにいひ出るは、つねの詞にして、歌といふものにはあらず

さて、その言葉の綾について、良い歌と悪い歌には、区別があるが、古代の人は、ただ一通り、歌の決まりの調べを整えて詠んだ。後世の人のように、思いをめぐらして、上手に詠もうと構えて、技巧をこらして詠もうとはしなかった。しかし、その出来栄えには、出来の良し悪しがあって、その中で上手い歌が世間で歌い継がれて、後世まで残っているのだ。記紀に載っている歌は、そうである。なので、記紀に載っている歌は、皆、古代の歌の中でも、とても優れたものと考えるべきだ。『古事記』には、ただ歌を載せるためだけに、出来事を記している箇所も見られるが、それはその歌が優れているからだ。

【原文】

さてその詞のあやにつきて、よき歌とあしき歌とのけぢめあるを、上代の人は、ただ一わたり、歌の定まりのしらべをととのへてよめるのみにして、後世の人のやうに、思ひめぐらして、よくよまんとかまへ、たくみてよめることはなかりし也、然れども、その出来たるうへにては、おのづからよく出来たると、よからざるとが有て、その中にすぐれてよく出来たる歌は、世間にもうたひつたへて、後ノ世までものこりて、二典に載れる歌どもなど是也、されば二典なる歌は、みな上代の歌の中にも、よにすぐれたるかぎりと知べし、古事記には、ただ歌をのせんためのみに、其事を記されたるも、これかれ見えたるは、その歌のすぐれたるが故なり

さて、このように歌には、古代から良いものと悪いものがあって、人が良いなと思い、神が感動されるのも、良い歌にはある。悪い歌には、人も神も感動することはな

い。神代に、天照大御神が天の石屋にお籠りになった時、天児屋根命《あめのこやねのみこと》の祝詞に感動されたのも、その言葉が素晴らしかったからである。それは神代紀に載っているとおりだ。歌もそれになぞらえて、考えればよい。だから、やや時代が下って、構えて良い歌を詠もうと求めるようになったのも、そうならざるをえない自然の趨勢であって『万葉集』に載っているような歌に至っては、皆、構えて上手く詠もうとしたもので、自然に出来たというものは、少ない。『万葉集』の歌がそうなのだから、まして後世や今の世で、上手く詠もうと構えることを、どうして責めることができようか。これは、自然の趨勢なのだから、古風な歌を詠もうとする人も、十分に言葉を選んで、麗しく詠まなければいけない。

【原文】

さてかくのごとく歌は、上代よりして、よきとあしきと有て、人のあはれときき、神の感じ給ふも、よき歌にあること也、あしくては、人も神も、感じ給ふことなし、神代に天照大御神の、天の石屋《いわや》にさしこもり坐《まし》し時、天ノ児屋根ノ命の祝詞《のりとごと》に、感じ給ひしも、その辞のめでたかりし故なること、神代紀に見えたるがごとし、歌も准へて知ルべし、さればやや世くだりては、かまへてよき歌をよまんと、もとむるやうになりぬるも、かならず然らではえあらぬ、おのづからの勢ヒにて、万葉に載れるころの歌にいたりては、みなかまへてよくよまんと、求めたる物にこそあれ、おのづからに出来たるは、いとすくなかるべし、万葉の歌すでに然るうへは、まして後世今の世には、よくよまんとかまふること、何かはとがむべき、これおのづからの勢ヒなれば、古風の歌をよまん人も、随分に詞をえらびて、うるはしくよろしくよむべき也

規則に従うことも大切である

『万葉集』は、歌の良し悪しで選んで、集めた歌集ではない。良し悪しに関係なく集

めたので、古いものとは言え、出来の悪い歌も多い。そこを弁えて、参考にしなければいけない。今の世で、古風な歌を詠む人が詠んだ歌を見ると、『万葉集』の中でも耳慣れない、おかしな言葉を使って、ひたすら古いように見せかけて、人の耳を驚かそうとする振る舞いは、とても良くないことだ。歌も文も、無理に古く見せようとし過ぎると、うるさく見苦しいものである。『万葉集』の中でも、安らかで姿が良い歌を手本として、おかしな言葉を好んではいけない。さてまた、歌も文も、同じ古風の中にも、段階があって、とても古いものとそうでないものがあり、言葉の用い方も、大抵はその全体の程度に応じたものでなくてはいけないのだが、今の人は、全体に合わない言葉を使うことが多く、一首一篇の中にも、とても古い言葉を使っている歌があるかと思えば、また、ひどく近い時代の言葉が混じっていたりして、混乱している。

【原文】

（ウ）万葉の歌の中にても云々、此集は、撰びてあつめたる集にはあらず、よきあしきえらびなく、あつめたれば、古へながらも、あしき歌も多し、善悪をわ

きまへて、よるべきなり、今の世、古風をよむともがらの、よみ出る歌を見るに、万葉の中にても、ことに耳なれぬ、あやしき詞をえり出つかひて、ひたすらにふるめかして、人の耳をおどろかさんとかまふるは、いといとよろしからぬこと也、歌も文も、しひてふるくせんとて、求め過たるは、かへすかへすうるさく、見ぐるしきものぞかし、万葉の中にても、ただやすらかに、すがたよき歌を、手本として、詞もあやしきをば好むまじき也、さて又歌も文も、同じ古風の中にも、段々有て、いたく古きと、さもあらぬとあれば、詞もつづけざまも、大抵その全体の程に応ずべきことなるに、今の人のは、全体のほどに応ぜぬ詞をつかふこと多くして、一首一篇の内にも、いたくふるき詞づかひのあるかと見れば、又むげに近き世の詞もまじりなどして、其体混雑せり

すべて、古風《いにしえぶり》な歌が好きな人が詠んだ歌は、後世の歌詠みが規則にこだわり過ぎるのを嫌うあまり、ただ規則に関わらないのを良いこととして、その詠み方が、とても乱れている。『万葉集』の時代でも、規則こそなかったが、自ずと定まった決まり

はあったので、乱れるということはなかった。規則にこだわることを古と心得るのは、大いに間違っている。すでに今の世にして、古を真似て歌を詠む以上は、古の定めに適わないことがあったら、それは古風とは言えない。今の人は口では「古、古」とけたたましく叫びながら、古の決まりを弁えていないので、古には規則が定まっていなかったと思うのである。万葉風の歌を詠むことは、この頃始まったことなので、未だ、その規則を記した書物などもない。それゆえ、古風家の歌には、勝手気ままなものが多いのだ。

【原文】

すべて古風家の歌は、後世家の、あまり法度にかかはり過るを、にくむあまりに、ただ法度にかかはらぬを、心高くよき事として、そのよみかた、甚ダみだりなり、万葉のころとても、法度といふことこそなけれ、おのづから定まれる則《のり》は有て、みだりにはあらざりしを、法度にかかはらぬを、古へと心得るは、大にひがこと也、既に今の世にして、古へをまねてよむからは、古へのさだまりにかなはぬ事有ては、古風といふ物にはあらず、今の人は、口にはいにしへいにしへと、たけだけしくよばはりながら、古への定まりを、えわきまへざるゆゑに、古へは定まれることはなかりし物と思ふ也、万葉風をよむことは、ちかきほど始まりたることにて、いまだその法度を示したる書などもなき故に、とかく古風家の歌は、みだりなることおほきぞかし

長歌の効用

長歌をも詠むべし。長歌は、古風のものが特に優れている。『古今集』に載る歌は、皆、良くない。中には、とても拙い歌もある。およそ、今の都に遷ってからの世（平安時代以降）は、長歌を詠むことは、徐々になくなり、その詠み方も、下手になった。後世になってからは、ますます詠むことが稀になった。しかし、最近は万葉風の歌を

詠むことが多くなったので、長歌を詠む人が増えた。その中には『万葉集』に加えても、恥ずかしくないものも、稀にある。素晴らしい時代というべきだ。そもそも、世の中にある、諸々《もろもろ》のことの中には、歌に詠もうとするのに、後世風では詠みにくいことが多いのだが、かえって古風な長歌にすると上手く詠めることが多い。このことを考えても、古風な長歌は必ず詠み習うべきである。

【原文】

（ヰ）長歌をもよむべし、長歌は、古風のかた殊にまされり、古今集なるは、みなよくもあらず、中にいとつたなきもあり、大かた今の京になりての世には、長歌よむことは、やうやうにまれになりて、そのよみざまも、つたなくなりし也、後世にいたりては、いよいよよむことまれなりしを、万葉風の歌をよむ事おこりて、近きほどは、又皆長歌をも多くよむこととなりて、其中には、万葉集に入ルとも、をさをさはづかしかるまじきほどのも、まれには見ゆるは、いともいともめでたき大御世の栄えにぞ有ける、そもそも世の中のあらゆる諸の事の中には、歌によまんとするに、後世風にては、よみとりがたき事の多かるに、返て古風の長歌にては、よくよみとらるることおほし、これらにつけても、古風の長歌、必ズよみならふべきこと也

古典を神聖視するなかれ

今の世で、万葉風の歌を詠む人たちは、後世の歌を、ただ悪いように言うが、それは実際に、良し悪しをよく検討し、深く味わったうえで、そう主張しているのではない。ただ、ありきたりの理屈でもって、「すべてのことは古が良い、後世は悪い」と決めつけて、適当に述べているだけなのだ。また、古と後世の歌の善悪を、時代の治乱盛衰と関連させて言うのも、ありきたりの理屈であって、事実ではない。はるか古代の歌のように、実情のままを詠むのであれば、そういうこともあるかもしれないが、

後世の歌は、皆、作り設けて詠むので、たとえ、平和な時代の人であっても、悪い歌風を学んで詠めば、その歌は悪いものとなる。乱世の人であっても、良い歌風を学べば、悪い歌になるはずもない。

また、男性的で大らかな歌風、女性的で優美で繊細な歌風の議論も重要ではない。力強い歌・優美な歌については、別の箇所で詳述した。この古風と後世風と、歌の良し悪しの議論は、とても大事であって、簡単には結論を出せない。諸問題もあるので、古学を学ぶ者も、深い考えもなしに、軽々しく決めつけることは、大変良くないことだ。

【原文】

（ノ）又後世風をもすてずして云々、今の世、万葉風をよむ輩は、後世の歌をば、ひたすらあしきやうに、いひ破れども、そは実によきあしきを、よくこころみ、深く味ひしりて、然いふにはあらず、ただ一わたりの理にまかせて、万ヅの事、古へはよし、後世はわろしと、定めおきて、おしこめてそらづもりにいふのみ也、

又古と後世との歌の善悪を、世の治乱盛衰に係《かけ》ていふも、一わたりの理論にして、事実にはうときこと也、いと上代の歌のごとく、実情のままをよみいでばこそ、さることわりもあらめ、後世の歌は、みなつくりまうけてよむことなれば、たとひ治世の人なりとも、あしき風を学びてよまば、其歌あしかるべく、乱世の人にても、よき風をまなばば、其歌などかあしからん、又男ぶり女ぶりのさだも、緊要にあらず、つよき歌よわき歌の事は、別にくはしく論ぜり、大かた此古風と後世と、よしあしの論は、いといと大事にて、さらにたやすくはさだめがたき、子細どもあることなるを、古学のともがら、深きわきまへもなく、かろがろしくたやすげに、これをさだめいふは、甚ダみだりなること也

そもそも、古風家が、後世の歌を良くないと言うのは、まず「歌は、思う心を言い述べるものであるのに、後世の歌は皆、実情に即していない。テーマ（題）を設けて、自分の心にも思わないことを、様々に作って、意味も言葉もわざと難解にするように苦心して装飾する。これは皆、偽りであって、歌本来の姿に背くものだ」との理由か

らだ。

一見して、そのように思うかもしれないが、これは歌の詳細を弁えていない論だ。

【原文】

そもそも古風家の、後世の歌をわろしとするところは、まづ歌は、思ふこころをいひのぶるわざなるに、後世の歌は、みな実情にあらず、題をまうけて、己が心に思はぬ事を、さまざまとつくりて、意をも詞をも、むつかしくくるしく巧みなす、これみな偽リにて、歌の本意にそむけり、とやうにいふこれ也、まことに一わたりのことわりは、さることのやうなれども、これくはしきさまをわきまへざる論也

その理由は、前述したように、歌は思うままに、直接、表現するものではない。必ず言葉に綾をなして、整えるのが歌道というもので、神代よりそうであった。その歌の出来が素晴らしいので、人も神も感動するのだ。すでに万葉時代の歌であっても、その多くは良歌を詠もうと思って、装飾して詠んだものであって、実情のまま詠んだものではない。古代の歌にも、枕詞（修飾し語調を整える言葉）や序詞（修飾語句）などがあるのを見ても、そのことが分かる。枕詞や序詞などは、心に思うことではない。言葉の綾をなすための素材として、設けたものではないか。

【原文】

其故は、上にいへる如く、歌は、おもふままに、ただにいひ出る物にはあらず、かならず言にあやをなして、ととのへいふ道にして、神代よりさる事にて、そのよく出来てめでたきに、人も神も感じ給ふわざなるがゆゑに、既に万葉にのれるころの歌とても、多くはよき歌をよまむと、求めかざりてよめる物にして、実情のままのみにはあらず、上代の歌にも、枕詞序詞などのあるを以てもさとるべし、枕詞や序などは、心に思ふことにはあらず、詞のあやをなさん料に、まうけたる物なるをやもとより、歌は、心に思うことを言い述べて、それを人に聞かれて、聞く人が「良いな」と感じることによって、自分の感情がとても晴れるといったものだから、他人がどのように感じるかと思いやるのも、歌の本来のあり方だ。であるので、世が移っていくに従って、いよいよ言葉に綾をなして、上手く詠もうとする技が次第次第に発達していくのは自然の趨勢だ。後世の歌になると、実情を詠んだものは、百に一つもなく、皆、作りごとになっている。しかし、その作るのは何を作っているかと言えば、その作り方こそ時とともに変わることはあるが、皆、世の人が思う心の様を作っているのである。だから、作りごととは言っても、結局のところ皆、人の実情の様でないということはなく、古の雅情でないということもない。であるので、ひたすら、後世風を嫌うのは、時とともに変化したところだけを見て、変わらないところがあるのを知らないのだ。後世の歌と言っても、古代と全く同じところがあることも思わなければいけない。

【原文】

もとより歌は、おもふ心をいひのべて、人に聞カれて、聞ク人のあはれと感ずるによりて、わが思ふ心は、こよなくはるくることとなれば、人の聞クところを思ふも、歌の本意也、されば世のうつりもてゆくにしたがひて、いよいよ詞にあやをなし、よくよまむともとめたくむかた、次第次第に長《ちょう》じゆくは、必ズ然らではかなはぬ、おのづからの勢ヒにて、後世の歌に至りては、実情をよめるは、百に一ツも有がたく、皆作りことになれる也、然はあれども、その作れるは、何事を作れるぞといへば、その作りざまこそ、世々にかはれることとあれ、みな世の人の思ふ心のさまを作りいへるなれば、作り事とはいへども、落るところはみな、人の実情のさまにあらずといふことなく、古への雅情にあらずといふことなし、さればひたすらに後世風をきらふは、その世々に変じたるところをのみ見て、変ぜぬところのあることをばしらざる也、後世の歌といへども、上代と全く同じきところあることを思ふべし

　更に言えば、今の世の人で、万葉の古風な歌を詠む人も、自分の実情ではなくて、『万葉集』を真似た作りごとである。もし、自分の思う実情のままに詠むことを良しとするのならば、今の人は、今の世俗で歌われている歌をこそ、詠むべきであって、古人の様を真似したりするべきではない。『万葉集』を真似ることも、すでに作りごとである以上、後世に題を設けて、そのつもりになって詠むことが、どうして悪いというのだろうか。良い歌を詠もうとするには、数多く詠まなければならない。多く詠むには題がなくてはいけない。これも自然の趨勢である。そもそも、後世風に悪いものもあるというのは、勿論のことだ。しかし、悪いことのみ抜き出して、悪く言うのならば、古風の歌にも悪いものがある。後世風のみを悪く言うべきではない。

　後世風の歌の中にも、素晴らしく面白く、更に古風では詠むのが難しい趣あるものもあるのだ。すべて物事には、昔よりも、後世が優れていることもあるので、ひたすら後世を悪いものとするべきではない。歌も、昔と後世を比べてみたら、互いに優劣ある中に、私が数十年、歌を詠んできて考えるに、万葉の歌の豊かで優れていることは言うまでもないが、今の世でそれに学んで詠もうとすれば、なお足りないところがある。時代を経て、ようやく足りないところが備わってくるのだ。なので、今の世で、古風な歌を詠む人も、初めのうちこそ、何の弁えもなく、無暗に詠みまくり、少し弁えができてからは、万葉風だけでは詠めないことが多いので、段々と後世風の詞を交えて詠む。そのうち、後世風に似てきて、なお時々は、古風なことも混じって、全く後世風でもなく、しかもまた、古今集風でもなく、自然と別のものになることが多い。これは、古風のみでは、足りないところがあるからだ。

【原文】

猶いはば、今の世の人にして、万葉の古風をよむも、己が実情にはあらず、万葉をまねびたる作り事也、もしおのが今思ふ実情のまゝによむをよしとせば、今の人は、今の世俗のうたふやうなる歌をこそよむべけれ、古へ人のさまをまねぶべきにはあらず、万葉をまねぶも、既に作り事なるうへは、後世に題をまうけて、意を作りよむも、いかでかあしからん、よき歌をよまんとするには、数おほくよまずはあるべからず、多くよむには、題なくはあるべからず、これらもおのづから然るべきいきほひ也、そもそも後世風、わろき事もあるは、勿論のこと也、然れどもわろき事をのみえり出て、わろくいはんには、古風の方にも、わろきことは有べし、一トむきに後世をのみ、いひおとすべきにあらず、後世風の歌の中にも、又いひしらずめでたくおもしろく、さらに古風にては、よみえがたき趣どもの有ルこと也、すべてもろもろの事の中には、古へよりも、後世のまされる事も、なきにあらざれば、ひたぶるに後世を悪しとすべきにもあらず、歌も、古へと後とを、くらべていはんには、たがひに勝劣ある中に、おのれ数十年よみこころみて、これを考るに、万葉の歌のよきが、ゆたかにすぐれたることは、勿論なれども、今の世に、それをまなびてよむには、猶たらはぬことあるを、世々を経て、やうやうにたらひて、備はれる也、さればこそ、今の世に古風をよむ輩も、初心のほどこそ、何のわきまへもなく、みだりによみちらせ、すこしわきまへも出来ては、万葉風のみにては、よみとりがたき事など多き故に、やうやうと後世風の意詞をも、まじへよむほどに、いつしか後世風にちかくなりゆきて、なほをりをりは、ふるめきたる事もまじりて、さすがに全くの後世風にもあらず、しかも又

古今集のふりにもあらず、おのづから別に一風なるも多きぞかし、これ古風のみにては、事たらざるところのあるゆゑなり

人真似はしてはいけない

後世風を詠まなければいけない理由を更に言えば、万葉の歌を見るに、安らかで姿が良いものは、その趣がどれもどれも似たものが多い。詠まれた内容も、決まっているようで、下の句が全く同じ歌なども多く、すべて同じような歌が多い。稀に珍しいことを詠んだものは、多くは品がなく、歌の様は良くない。

万葉の時代から今まで、千年以上の間、歌人は皆、万葉風だけを守って変わらず、しかも良い歌を詠もうとすると、皆、万葉の口真似ばかりするようになってしまって、他に詠むべきこともなく、新たな歌を詠む方法もない。なので、時代を経て、昔の人

が詠み古していない趣を詠もうとすれば、自ずからその様は変わるし、次第に技巧も細かくなっていくものだ。昔の人が多く詠んだことを、同じ様で詠んだとしても、歌は上手としても、人も神も感動することはない。もしまた、昔に詠まれていない趣を、少し目先を変えて万葉風で詠もうとすると、品のない悪い歌になってしまう。

『万葉集』の歌であっても、そうなのだから、まして今の世の歌は言うに及ばない。この事を、なお一つのたとえ話をもって、述べよう。古風は白妙衣《しろたえごろも》のように、後世風は様々な色で染めた衣のようなものである。白妙衣は、その白さが素晴らしく、染衣《ごろも》はその染色が素晴らしいものだ。白妙を素晴らしいと言って、染《そめ》めたものを、とにかく悪いと言うべきではない。ただその染めた色には、良いものもあれば、悪いものもある。悪いものがあるなら、その悪いところを棄てるべきだ。色の良いものまで棄ててしまうのは、偏っている。今の古風家の論は、紅・紫などは、どれほど色が良くても、白妙に似ていないので、皆、悪いと言っているようなものだ。

宣長がもっぱら古学によって、人にもそれを教えながら、自らが詠む歌は古風だけではなく、後世風のものも多いことを批判する人が多い。しかし、私の思うところは、前述したようなことなので、後世風をも棄てないで詠むのである。その中に古風が数少なく、かえって後世風が多いのは、古風は詠むべきことが少なく、後世風は詠むことが多いのが、理由だ。すべて古は、事は少なく単純だが、後世になるにつれて、何ごとも複雑になっていくのと同じだ。

【原文】

すべて後世風をもよまではえあらぬよしを、なほいはば、まづ万葉の歌を見るに、やすらかにすがたよきは、其趣いづれもいづれも、似たる事のみ多く、よめる意大抵定まれるが如くにて、或は下ノ句全く同じき歌などもおほく、すべて同じやうなる歌いと多し、まれまれにめづらしき事をよめるは、多くはいやしげにて、歌ざまよろしからず、然るを万葉の後今の世まで、千余年を経たる間ダ、歌よむ人、みなみな万葉風をのみ守りて変ぜずして、しかもよき歌をよまんとせば、皆万葉なる歌の口まねをするやうにのみ出来て、外によむべき事なくして、新タによめる詮なかるべし、されば世々を経て、古人のよみふるさぬおもむきを、よみ出んとするには、おのづから世々に、そのさま変ぜではかなはず、次第にたくみもこまやかにふかくなりゆかではかなはぬ だうり也、古人の多くよみたる事を、同じさまによみたらんには、其歌よしとても、人も神も感じ給ふことあるべからず、もし又古へによみふるさぬ事を、一ふしめづらしく、万葉風にてよまんとせば、いやしくあしき歌になりぬべし、かの集の歌すらさやうなれば、まして今の世をや、此事猶一ツのたとへを以ていはん、古風は白妙衣のごとく、後世風は、くれなゐ紫いろいろ染たる衣のごとし、白妙衣は、白たへにしてめでたさを、染衣も、その染色によりて、又とりどりにめでたし、然るを白妙めでたしとて、染たるをば、ひたぶるにわろしとすべきにあらず、ただその染たる色には、よきもありあしきもあれば、そのあしきをこそ棄ツべきなれ、色よきをも、おしこめてすてんは、偏《ひとむき》ならずや、今の古風家の論は、紅紫などは、いかほど色よくても、白妙に似ざれば、みなわろしといはんが如し、宣長もはら古学によりて、人にもこれを教へながら、みづからよむところの歌、古風のみにあらずして、後世風をも、おほくよむことを、心得ずと難ずる人多けれども、わが思ひとれるところは、上の件のごとくなる故に、後世風をも、すてずしてよむ也、其中に古風なるは数すくなくして、返て後世風なるが多きは、古風をよむべき事すくなく、後世風はよむ事おほきが故也、すべていにしへは、事すくなかりしを、後世になりゆくまにまに、万の事しげくなるとおなじ

後世のことからよく学んでいけ

さて、私は、古風と後世風を並べて詠むうちに、古と後世とを、明確に分けて、互いに混乱しないように、深く心がけている。さてまた、初学者が、私の教えに従って、古風・後世風の歌をどちらも詠もうとする時に、まずどちらを先にするべきかと言うと、万事は、まず根本を習得してから末にいくのは勿論だが、また末より遡って根本にいくのが、よい場合もある。

しばしば思うのだが、歌もまず後世風から入って、それを習得してから、古風に取り掛かるのがよい場合もある。その理由を一つ二つ言うならば、後世風をまず詠み習って、その規則の詳細を知ったならば、古風な歌を詠む時に、その心得をもって慎重になるので、あまりにおかしなことは詠まない。また、古風は時代が遠いので、今の世の人は、どんなによく学んでも、今の世の人に違いないので、その心が古代人の心のように変わることはない。だから詠む歌にしても、古風と思っても、ややもすれば、後世の心や言葉が混じりやすい。すべて歌も文も、古風と後世とは、全体的にその違いがなくてはいけない。今の世の人が作った歌文は、とにかく古風と後世風が混雑することを免れない。後世風をまずよく知ったならば、これは後世だということを弁えるようになるので、誤りが少ない。後世風を知らなければ、その弁えがないために、かえって後世風になってしまうことが多い。古風家は、後世風を嫌いながら、自分の詠む歌に後世風が混じっていることに気がついていないのは、おかしなことだ。

古風な歌を詠む人も、最初に後世風を学ぶほうが有益だという理由は、他にもある。古風と後世風の違いさえよく弁えれば、後世風を詠んでも害はなく、嫌うべきことではなくなるからだ。ただ、古風と後世風が混じることは避けるべきだ。これはただ、歌文のことだけでなく、古の道を明らかにする学問にも、この弁えがなければ、知らない間に、後世の考えにも漢意にも陥ってしまうことになる。古の考えと後世の考えと漢意との違いをよく弁えることが、古学にとって重要だ。

【原文】

さて吾は、古風後世風ならべよむうちに、古と後とをば、清くこれを分ちて、たがひに混雑なきやうにと、深く心がくる也、さて又初学の輩、わがをしへにしたがひて、古風後世風ともによまんとせんに、まづいづれを先キにすべきぞといふに、万の事、本をまづよくして後に、末に及ぶべきは、勿論のことなれども、又末よりさかのぼりて、本にいたるがよき事もある物にて、よく思ふに、歌も、まず後世風より入て、そを大抵得て後に、古風にかかりてよき子細もあり、その子細を一ツ二ツいはば、後世風をまづよみならひて、その法度のくはしきをしるときは、古風をよむにも、その心得有て、つつしむ故に、あまりみだりなることはよまず、又古風は時代遠ければ、今の世の人、いかによくまなぶといへども、なほ今の世の人なれば、その心全く古人の情のごとくには、変化しがたければ、よみ出る歌、古風とおもへども、猶ややもすれば、近き後世の意詞のまじりやすきもの也、すべて歌も文も、古風と後世とは、全体その差別なくてはかなはざるに、今の人の歌文は、とかく古と後と、混雑することをまぬかれざるを、後世風をまづよくしるときは、是は後世ぞといふことを、わきまへしる故に、その誤リすくなし、後世風をしらざれば、そのわきまへなき故に、返て後世に落ることおほきなり、すべて古風家、後世風をば、いみしく嫌ひながら、みづから後世風の混雑することをえしらざるは、をかしきこと也、古風をよむ人も、まづ後世風を学びて益あること、猶此外にも有也、古と後との差別 をだによくわきまふるときは、後世風をよむも、害あることとなし、にくむべきことにあらず、ただ古と後と混雑するをこそ、きらふべきものなれ、これはただ歌文のうへのみにもあらず、古の道をあきらむる学問にも、此わきまへなくては、おぼえず後世意にも漢意にも、落入ルこと有べし、古意と後世意と漢意とを、よくわきまふること、古学の

肝要なり

『古今集』と『新古今和歌集』を比較する

後世風の歌の中にも、それぞれ良し悪しがある云々。例の染衣の様々な色の中には、良し悪しがあるように、後世風の歌も、時代を経て、次々に移り変わる間には、良いもの・悪いものがある。その中で、まず『古今集』は、時代が古く、歌の選び方も特に注意が行き届いているので、とても優れていて、悪い歌は少ない。なかでも、詠み人知らずの歌には、師匠の賀茂真淵先生が言われたように、特に良いものが多い。それは、古い歌ほどより優れている証拠だ。さて、この『古今集』は、古風と後世風との中間にあって、かの古い歌などは、『万葉集』の中の良い歌の様と、ほとんど変わらないものも多く、特に素晴らしい。古風の歌を学ぶ者も、これを手本にしたらよい。

しかし、光孝天皇・宇多天皇の御代（九世紀末）以降の歌は、万葉のものとは随分変わり、後世風のものに近いので、『古今集』をかりそめに、後世風の初め頃の代表作と定めて、いつでもこれを読んで、平安時代以降の歌のすべての様をよく心に染みこませるべきだ。

次に『後撰集』（平安時代中期、村上天皇の命によって編纂された二番目の勅撰和歌集）、『拾遺集』（成立年代や撰者は不明だが、第三の勅撰和歌集）は、歌の選び方が、とても雑であって、言葉で言いようのないほど、悪い歌が多い。しかし、良い歌も多く、中には優れたものも混じっている。

さて次に『後拾遺集』以降の代々の撰集は、それぞれ盛衰・善悪、様々あるが、それを詳しく述べるととても長くなるので、今は省略して、その概要を述べる。それらの中で『新古今集』（鎌倉時代初期、後鳥羽上皇の命によって編纂された第八の勅撰和歌集）は、当時の上手な歌詠みの作品が収められている。それらは、心も言葉も言葉の使い方も、一首の姿も、格別に一つの格好をなしていて、前後に比べるものがない。その中でも、特によく整った歌は、後世風にとっては、えもいわれぬ味わい深い優れた作品になっている。

【原文】

（オ）後世風の中にもさまざまよきあしきふりふりあるを云々、かの染衣のさまざまの色には、よきも有リあしきもあるが如く、後世風の歌も、世々を経て、つぎつぎにうつり変れる間ダには、よきとあしきとさまざまの品ある、其中にまず古今集は、世もあがり、撰びも殊に精しければ、いといとめでたくして、わろき歌はすくなし、中にもよみ人しらずの歌どもには、師もつねにいはれたるごとく、殊によろしきぞ多かる、そはおほくふるき歌の、ことにすぐれたる也、さて此集は、古風と後世風との中間に在て、かのふるき歌どもなどは、万葉の中のよき歌どものさまと、をさをさかはらぬ もおほくして、殊にめでたければ、古風の歌を学ぶ輩も、これをのりとしてよろしき也、然れども大かた光孝天皇宇多天皇の御代のころよりこなたの歌は、万葉なるとはいたくかはりて、後世風の方にちかきさまなれば、此集をば、姑く後世風の始めの、めでたき歌とさだめて、明暮にこれを見て、今の京となりてよりこなたの、歌といふ物のすべてのさまを、よく心にしむべき也、次に後撰集拾遺集は、えらびやう甚ダあらくみだりにして、えもいはぬわろき歌の多き也、然れどもよき歌も又おほく、中にはすぐれたるもまじれり、さて次に後拾遺集よりこなたの、代々の撰集ども、つぎつぎに盛衰善悪さまざまあれども、そをこまかにいはむには、甚ダ事長ければ、今は省きて、その大抵をつまみていはば、其間ダに新古今集は、そのころの上手たちの歌どもは、意も詞もつづけざまも、一首のすがたも、別に一ツのふりにて、前にも後にもたぐひなく、其中に殊によくととのひたるは、後世風にとりては、えもいはずおもしろく心ふかくめでたし

そもそも、古代から今の世に至るまでを眺め渡して、完璧な歌の最盛は『古今集』というべきだろうが、またこの『新古今集』に比べれば、『古今集』もなお物足りず、不十分なところがある。だから『新古今集』を最盛期といっても、間違いではない。であるのに、古風家たちは、特に『新古今集』の悪口を言い、貶《けな》す。これはとてもお

かしく間違っている。『新古今集』の良い歌に感心しないのは、風雅の心を知らないものと思ったほうがよい。

ただし、この時代の歌人たちは、余りに深く技巧をこらしているので、その中に、癖があって、下手に詠み損じると、はなはだ理解しがたく、不自然なものも多い。しかし、そういったものも、使っている言葉は麗しく、言い回しが巧妙なので、不自然でよく分からないながらも、趣があり捨て難《がた》く思う、そんな歌なのだ。しかしこれは、この時代の名人たちの優れたところであって、後世の人が少し学んで習得できるものではない。強引にこれを学んだならば、全くのとりとめがなくなるだろう。未熟な人は、決してこの『新古今集』の様を慕ってはならない。しかしまた、歌の様をよく理解したうえであれば、そう言って敬遠しなければならないものではない。よく習得したならば、学んで得ることも、全くないわけではない。

【原文】

そもそも上代より今の世にいたるまでを、おしわたして、事のたらひ備りたる、

歌の真盛《まさかり》は、古今集ともいふべけれども、又此新古今にくらべて思へば、古今集も、なほたらはずそなはらざる事あれば、新古今を真盛といはんも、たがふべからず、然るに古風家の輩は、殊に此集をわろくいひ朽《くた》すは、みだりなる強《しい》ごと也、おほかた此集のよき歌をめでざるは、風雅の情をしらざるものとこそおぼゆれ、但し此時代の歌人たち、あまりに深く巧をめぐらされたるほどに、其中に又くせ有て、あしくよみ損じたるは、殊の外に心得がたく、無理なるもおほし、されどさるたぐひなるも、詞うるはしく、いひまはしの巧なる故に、無理なる聞えぬ事ながらに、うちよみあぐるに、おもしろくて捨がたくおぼゆるは、此ほどの歌共也、されどこれは、此時代の上手たちの、あやしく得たるところにて、さらに後の人の、おぼろげにまねび得べきところにはあらず、しひてこれをまねびなば、えもいはぬすずろごとになりぬべし、いまだしきほどの人、ゆめゆめこのさまをしたふべからず、されど又、歌のさまをくはしくえたらんうへにては、さのみいひてやむべきにもあらず、よくしたためなば、まねび得ることとも、などかは絶てなからん

鎌倉から室町時代の勅撰集について

さてまた、『玉葉集』（鎌倉時代の勅撰和歌集）、『風雅集』（室町時代の勅撰和歌集）の二つの和歌集は、京極為兼《きょうごくのためかね》（鎌倉時代後期の歌人）の流派の和歌集だが、彼の流派の歌は、皆、異様なものであり、とても卑しく悪い。なので、この一派は、その時代から、異風だとみなされてきた。

さて、この二集と『新古今集』を除いては、『千載集』（鎌倉時代前期の勅撰和歌集）から、第二十一代の最後『新続古今集』（室町時代の勅撰和歌集）までの間、格別に変わることなく、大体は同じ歌風である。平安時代以来、世間の普通の歌の様は、このような感じだ。世の中はこぞって、藤原俊成・定家（共に鎌倉時代前期の歌人。俊成は『千載集』の、その子・定家は『新古今集』の撰者の一人）の教えを尊んで、他門の人であっても、大抵は皆、その掟を守って詠んできたので、詠み方がほとんど同じようになってしまった。時代を経ても、そんなに大きく変わることはなく、決まった形式になった。世に「二条家の正風体」（二条家が定家の嫡流を称した。洗練された言葉によるなだらかな調べが特徴）という形式が、これだ。この代々の和歌集のなかにも、少しは優劣も歌風の変化もあるが、大抵は同じである。

さて、初学者が読むべき手本には、どれが良いかというと、前述したように、まず『古今集』をよく読んで、それで『千載集』より『新続古今集』までは、『新古今集』と『玉葉集』『風雅集』を除けば、どれを手本にしてもよい。しかし、それら代々の歌集を見ていくことは、初心者の務めとしては耐えがたい。なので、世間では、頓阿《とんあ》法師《ほうし》（南北朝時代の僧侶、歌人）の『草庵集』というものなどを、歌会の席などに携えていって、題詠みの手引きにしているが、これはとても良い手本になる。この人の歌は、かの二条家の正風を、よく守り、勝手気ままなところがなく、正しい形式で、悪い歌もそれほどない。その他も、題詠みのためには『題林愚抄』（室町時代成立の和歌集。平安後期から室町時代までの歌一万余首を歌題で分類）のようなものを参考にするのも、悪くはない。ただし、歌を詠む時になって、歌集を見るのは癖になるので、なるべくならば、書物を見ずに、詠み慣れるようにしたほうがよい。ただ、歌集を日頃から、心がけてよく見るべきだ。

【原文】

さて又玉葉風雅の二ツの集は、為兼卿流の集なるが、彼卿の流の歌は、皆ことやうなるものにして、いといやしくあしき風なり、されば此一流は、其時代よりして、異風と定めしこと也、さて件ンの二集と、新古今とをのぞきて外は、千載集より、廿一代のをはり新続古今集までのあひだ、格別にかはれることなく、おしわたして大抵同じふりなる物にて、中古以来世間普通の歌のさまこれなり、さるは世の中こぞりて、俊成卿定家卿の教へをたふとみ、他門の人々とても、大抵みなその掟を守りてよめる故に、よみかた大概に同じやうになりて、世々を経ても、さのみ大きにかはれる事はなく、定まれるやうになれるなるべし、世に二条家の正風体といふすがた是也、此ノ代々の集の内にも、すこしづつは、勝劣も風のかはりもあれども、大抵はまづ同じこと也、さて初学の輩の、よむべき手本には、いづれをとるべきぞといふに、上にいへるごとく、まづ古今集をよく心にしめおきて、さて件ンの千載集より新続古今集までは、新古今と玉葉風雅とをのぞきては、いづれをも手本としてよし、然れども件の代々の集を見渡すことも、初心のほどのつとめには、たへがたければ、まづ世間にて、頓阿ほふしの草庵集といふ物などを、会席などにもたづさへ持て、題よみのしるべとすることなるが、いかにもこれよき手本也、此人の歌、かの二条家の正風といふを、よく守りて、みだりなることなく、正しき風にして、わろき歌もさのみなければ也、其外も題よみのためには、題林愚抄やうの物を見るも、あしからず、但し歌よむ時にのぞみて、歌集を見ることは、癖《くせ》になるものなれば、なるべきたけは、書を見ずによみならふやうにすべし、ただ集共をば、常々心がけてよく見るべき也

権威に屈してはいけない

さて、これよりは近頃のすべての歌人の習慣の良くない点を指摘して、諭していこう。それはまず、道統といって、伝来（由緒）していることを大事にして尊び信頼し、歌も教えも、ただ伝来の正しい人のみを、ひたすらに良いものとかたくなに信奉して、伝来のない人のものは、歌も教えも用い難いとして拒んでしまう。また古の人の歌や、その家の宗匠（先生）の歌などは、良し悪しを考えてみることもなく、ただ自分の力が及ばぬとして、熱心に尊敬するが、他門の人の歌となると、どれほど良いものであっても、これを採用せず、心に留めてみようともしない。すべて自分が学ぶ家の掟を、ただひたすらに神の掟の如く思って、動くことなく、これを固く守ることのみに懸命になっている。よって、その教えは、掟に縛られて、こだわってしまうので、詠む歌はすべて、言葉の続け様も、一首の姿も、今風になるか、あるいは一様に定まって、悪い癖が多く、その様は品がなく窮屈であり、例えば手足を縛られた者がうまく動きがとれないように、とても苦しく寂しく見える。少しも、豊かで伸びやかなところがないのに、自分では反省せずに、ただそれを良いことと、固く思っているのは、とても頑迷であり、つたなく愚かである。このような有り様では、歌というものの、本意に反して、雅の趣とも言えない。

そもそも道統・伝来の筋を、重く尊重すべきこととするのは、仏教家の習いから起こったものだ。宋儒の流派（朱子学派）もそうだ。仏教家は、諸宗派それぞれが、我が宗派の祖師の説を、良し悪しを選ぶことなく、悪いところもあるのに、無理矢理に良いと決めて、尊び信じ、それと異なる他宗の説を、良くても用いないという習性がある。近世の神学者・歌人なども、全くこれに習っているのだ。それは神学者・歌人だけではない。平安時代以来、色々な芸道なども同じであり、とても愚かな世の習わしである。たとえ、どんなに伝来がよくても、教えがよくなく、技が拙ければ、用いることはできない。芸能ならば、その技によって、伝来を重視する理由もあるだろうが、学問や歌などは、伝来に依存する必要はない。それは、昔の歌集を見ても、知ることができる。その作者の家柄・伝来には、関わりなく、誰でも広く、良い歌を採用している。なので、藤原定家の教えにも「和歌に師匠なし」とあるではないか。

【原文】

さてこれより近世のなべての歌人のならひの、よろしからざる事共をいひて、さとさむとす、そはまづ道統といひて、其伝来の事をいみしきわざとして、尊信し、歌も教へも、ただ伝来正しき人のをのみ、ひたすらによき物とかたくこころえ、伝来なき人のは、歌も教へも、用ひがたきものとし、又古への人の歌及び其家の宗匠の歌などをば、よきあしきを考へ見ることもなく、ただ及ばぬこととして、ひたぶるに仰ぎ尊み、他門の人の歌といへば、いかほどよくても、これをとらず、心をとどめて見んともせず、すべて己が学ぶ家の法度掟を、ひたすらに神の掟の如く思ひて、動くことなく、これをかたく守ることをのみ詮とするから、その教へ法度にくくられて、いたくなづめる故に、よみ出る歌みなすべて、詞のつづけざまも、一首のすがたも、近世風又一トやうに定まりたる如くにて、わろきくせ多く、其さまいやしく窮屈にして、たとへば手も足もしばりつけられたるものの、うごくことかなはざるがごとく、いとくるしくわびしげに見えて、いささかもゆたかにのびらかなるところはなきを、みづからかへり見ることなく、ただそれをよき事と、かたくおぼえたるは、いといと固陋にして、つたなく愚なること、いはんかたなし、かくのごとくにては、歌といふものの本意にたがひて、さらに雅の趣にはあらざる也、そもそも道統伝来のすぢを、重くいみしき事にするは、もと仏家のならひよりうつりて、宋儒の流なども然也、仏家には、諸宗おのおの、わが宗のよよの祖師の説をば、よきあしきをえらぶことなく、あしきことあるをも、おしてよしと定めて尊信し、それにたがへる他の説をば、よくても用ひざるならひなるが、近世の神学者歌人などのならひも、全くこれより出たるもの也、さるは神学者歌人のみにもあらず、中昔よりこなた、もろもろの芸道なども、同じ事にて、いと愚なる世のならはしなり、たとひいかほど伝来はよくても、その教よろしからず、そのわざつたなくては、用ひがたし、其中に諸芸などは、そのわざによりては、伝来を重んずべきよしもあれども、学問や歌などは、さらにそれによることにあらず、古への集共を見ても知べし、その作者の家すぢ伝来には、さらにかかはることなく、誰にもあれ、ひろくよき歌をとれり、されば定家卿の教へにも、和歌に師匠なしとのたまへるにあらずや

さてまた、その時代時代の先輩が定めた様々な規則・掟の中には、必ず守らねばならないことも多く、また中には、とても拙く絶対に関わらないほうがよいものも多いのに、ひたすら固くこれを守るから、かえって、歌の様が悪くなることが近年には多い。すべて歌の道の掟は、良いものと悪いものを選んで、守るべきだ。ひとつのことばかりに関わるべきものではない。

また、古の人の歌は、皆、優れたもののように思い込んで、及ぶべくもないとして、その良し悪しを考えようとしないのは、とても愚かなことだ。古の歌といえども、悪いところも多く、歌仙（優れた歌人）といえども、あらゆる歌が優れているわけではない。例えば柿本人麻呂（飛鳥時代の歌人。歌聖と呼ばれた）・紀貫之（平安時代前期の

歌人。『古今集』の撰者の一人）の歌であっても、本当に良いのか、悪くはないかと考えてみて、力が及ばないとしてでも、色々と評論しながら読むべきだ。すべての歌の善悪を見分ける稽古として、これほど優れたものはない。大いに益がある。

ところが、近頃の歌人のように、自分の力は及ばぬこととのみ思っていては、歌の良し悪しを見分ける眼力がつくわけもなく、自分の歌も良いか悪いか判別することができない。そうやって、いつまでも、ただ宗匠にだけ頼っていなくてはいけない。情けないではないか。すべて今の歌人のように、何事も愚かで拙い学び方をしていては、生涯、良い歌を作ることはできないものと思うべきだ。

【原文】

さて又世世の先達の立テおかれたる、くさぐさの法度掟の中には、かならず守るべき事も多く、又中にはいとつたなくして、必ズかかはるまじきも多きことなるに、ひたぶるに固くこれを守るによりて、返て歌のさまわろくなれることも、近世はおほし、すべて此道の掟は、よきとあしきとをえらびて、守るべき也、ひたすらになづむべきにはあらず、又古人の歌は、みな勝れたる物のごとくこころえ、ただ及ばぬ事とのみ思ひて、そのよしあしを考へ見んともせざるは、いと愚なること也、いにしへの歌といへども、あしきことも多く、歌仙といへども、歌ごとに勝《すぐ》れたる物にもあらざれば、たとひ人まろ貫之の歌なりとも、実によき歟あしき歟を、考へ見て、及ばぬまでも、いろいろと評論をつけて見るべき也、すべて歌の善悪を見分る稽古、これに過たる事なし、大に益あること也、然るに近世の歌人のごとく、及ばぬ事とのみ心得居ては、すべて歌の善悪を見分べき眼の、明らかになるよしなくして、みづからの歌も、よしやあしやをわきまふることあたはず、さやうにていつまでもただ、宗匠にのみゆだねもたれてあらんは、いふかひなきわざならずや、すべて近世風の歌人のごとく、何事も愚につたなき学びかたにては、生涯よき歌は出来るものにあらずと知べし

詠歌と歌学の優劣

さてまた、冒頭に言ったように、歌を詠むだけでなく、古い歌集をはじめとして、歌の本に載っている様々なことを究明する学問というものがある。こうした研究をする人を世に歌学者という。歌学と言えば、歌を詠むことを学ぶことだが、しばらく、それとは分けて、歌学書と呼ぶことにしよう。古では、顕昭法師（平安末から鎌倉時代初期の歌人。歌論書・顕昭陳状の著者でもある）などがこの分野の代表だが、その説には行き届かないことも多い。時代が古いので、参考になることも少なくない。しかし、このところ三百年以来の歌学者の説は、今風の愚かな癖が多いうえに、すべて幼稚なことばかりなので、論ずるほどの価値がない。しかし、契沖法師が現れてからは、歌学も開拓されて、歌学書の研究は進展した。

さて、歌を詠むことのみを主とするのと、この歌学を中心にするのと、二つの方面のうちで、かの顕昭をはじめとして、今に至るまで、歌学に優秀な人は、大抵、いずれも、歌を詠むのが下手である。歌は歌を研究していない人のほうが上手な場合が多い。これは、専一にする人と、そうでない人との違いによって、そのようになるのだろう。しかし、優秀な歌学者の詠む歌が、必ず悪いものと決めてかかるのは、賢明ではない。この二つの分野の意味を、よく心得ていたならば、歌学がどうして歌を詠む妨げになるだろうか。妨げになって、良い歌を詠むことができないのは、その弁えが良くないからだ。しかし、歌学のほうは、大概にしておくほうがよい。歌を詠むほうを主としたいものだ。歌学のほうに深くかかずらわっていては、仏教書・漢籍にも広く目を通さねばならず、その中の無益な書物に手間をかけることが増えるからである。

物語なども良く見るべし。この詳細については、『源氏物語　玉の小櫛』に詳しく書いているので、ここでは省略する。

【原文】

　さて又はじめにいへる如く、歌をよむのみにあらず、ふるき集共をはじめて、歌書に見えたる万の事を、解キ明らむる学ビ有リ、世にこれを分て歌学者といへり、歌学といへば、歌よむ事をまなぶことなれども、しばらく件のすぢを分て然いふ也、いにしへに在リては、顕昭法橋など此すぢなるが、其説は、ゆきたらはぬ事多けれども、時代ふるき故に、用ふべき事もすくなからざるを、近世三百年以来の人々の説は、かの近世やうの、おろかなる癖おほきうへに、すべてをさなきことのみなれば、いふにもたらず、然るに近く契沖ほふし出てより、此学大キにひらけそめて、歌書のとりさばきは、よろしくなれり、さて歌をよむ事をのみわざとすると、此歌学の方をむねとすると、二やうなるうちに、かの顕昭をはじめとして、今の世にいたりても、歌学のかたよろしき人は、大抵いづれも、歌よむかたつたなくて、歌は、歌学のなき人に上手がおほきもの也、こは専一にするると、然らざるとによりて、さるだうりも有ルにや、さりとて歌学のよき人のよめる歌は、皆必ズわろきものと、定めて心得るはひがこと也、此二すぢの心ばへを、よく心得わきまへたらんには、歌学いかでか歌よむ妨ゲとはならん、妨ゲとなりて、よき歌をえよまぬは、そのわきまへのあしきが故也、然れども歌学の方は、大概にても有べし、歌よむかたをこそ、むねとはせまほしけれ、歌学のかたに深くかかづらひては、仏書からぶみなどにも、広くわたらでは、事たらはぬわざなれば、其中に無益の書に、功をつひやすこともおほきぞかし、

（ク）物語ぶみどもをもつねに見るべし、此事の子細は、源氏物語の玉の小櫛に、くはしくいへれば、ここにはもらしつ

神の恵みの尊いことを知れ

すべての人は、雅の趣を知らないままでいてはいけない。これを知らない者は、しみじみとした情趣を知らず、心がない人である。なので、その雅の趣を知るには、歌

を詠み、物語をよく見ることである。そうやって、古の人の雅な心情を知って、すべての古の雅な時代の有り様をよく知ることは、これ古の道を知る第一歩となる。

ところが、世の学者を見るに、道を学ぶ人たちは、前述したように、多くはただ、中国風の議論・理屈にのみかかずらわって、歌を詠むことを、ただ無駄なことと思い、歌集などは開こうともしない。古人の雅な心を夢にも知らないので、目指すべき古の道も知ることができない。このようなことでは、名だけが神道で、中身はただ外国の思想でしかないので、実際には道を学ぶということにはならない。

さてまた、歌を詠んで、文を作って、古を好む人々は、ただ風流のほうにばかりこだわって、道のことを打ち捨て、気にかけることがない。古を慕い、古い衣服・道具を好み、古い書物を好んで読むとはいっても、皆、ただ風流のための、玩具に過ぎない。

そもそも、人としては、どのような者であっても、人の道を知らずにはいられない。どの分野のことであれ、学問をして、書物を読むほどの者は、道に感心がないとか、神の恵みの尊い理由を知らず、なおざりにして過ごしてはいけない。古を慕い尊ぶならば、必ずその根本である道をこそ、第一に深く心がけて、明らかにするべきだ。それなのに、これを差し置いて、細かいことばかりにこだわっているのは、本当に古を好むということではない。それでは、歌を詠むのも、虚しいことになってしまう。宣長の教えに従って、学問をしようとする者は、これらのことをよく思い弁えて、くれぐれも道をなおざりにしてはいけない。

【原文】

（ヤ）いにしへ人の風雅のおもむきをしるは云々、すべて人は、雅の趣をしらでは有ルべからず、これをしらざるは、物のあはれをしらず、心なき人なり、かくてそのみやびの趣をしることは、歌をよみ、物語書などをよく見るにあり、然して古へ人のみやびたる情をしり、すべて古への雅たる世の有リさまを、よくしるは、これ古の道をしるべき階梯也、然るに世間の物学びする人々のやうを見渡すに、主と道を学ぶ輩は、上にいへるごとくにておほくはただ漢流の議論理窟にのみかかづらひて、歌などよむをば、ただあだ事のやうに思ひすてて、歌集などは、ひらきて見ん物ともせず、古人の雅情を、夢にもしらざるが故に、その主とするところの古の道をも、しることとあたはず、かくのごとくにては、名のみ神道にて、ただ外国の意のみなれば、実には道を学ぶといふものにはあらず、さて又歌をよみ文を作りて、古をしたひ好む輩は、ただ風流のすぢにのみまつはれて、道に事をばうちすてて、さらに心にかくることなければ、よろづにいにしへをしたひて、ふるき衣服調度などをよろこび、古き書をこのみよむたぐひなども、皆ただ風流のための玩物にするのみ也、そもそも人としては、いかなる者も、人の道をしらでは有べからず、殊に何のすぢにもせよ、学問をもして、書をもよむほどの者の、道に心をよすることなく、神のめぐみのたふときわけなどをもしらず、かなほざりに思ひて過すべきことにはあらず、古へをしたひたふとむとならば、かならずまづその本たる道をこそ、第一に深く心がけて、明らめしるべきわざなるに、これをさしおきて、末にのみかかづらふは、実にいにしへを好むといふものにはあらず、さては歌をよむも、まことにあだ事にぞ有ける、のりながをしへにしたがひて、ものまなびせんともがらは、これらのこころをよく思ひわきまへて、あなかしこ、道をなほざりに思ひ過すことなかれ

宣長のあとがき

このたび、この書物を書くことについては、早くから、教え子らが熱心に求めていたのだが、ずっと忙しくしており、聞き過ごしていたが、今は『古事記伝』も書き終えたのだからと、また、しきりに言うので、いつまでも無視しているわけにもいかず、執筆した。急に思いたった仕事であるので、言い忘れたものも多いだろうが、初学者のためには、少しの助けにもなるだろう。

どうだろう、初めての山歩きならば麻布のような私のつたない教えでも、道しるべくらいにはなるのではなかろうか。

（いかならむ　うひ山ぶみのあさごろも　浅きすそ野の　しるべばかりも）

本居宣長

寛政十年（一七九八）十月二十一日の夕べに書き終えた。

（原文）

【原文】

こたみ此書かき出デつることは、はやくより、をしへ子どもの、ねんごろにこひもとめけるを、年ごろいとまなくなどして、聞過しきぬるを、今は古事記ノ伝もかきをへつればとて、又せちにせむるに、さのみもすぐしがたくて、物しつる也、にはかに思ひおこしたるしわざなれば、なほいふべき事どもの、もれたるなども多かりなんを、うひまなびのためには、いささかたすくるやうもありなんや

いかならむうひ山ぶみのあさごろも
浅きすそ野のしるべばかりも

本　居　宣　長

寛政十年十月の廿一日のゆふべに書をへぬ

解説――『うひ山ぶみ』は、初学者の聖書である――

濱田浩一郎

『うひ山ぶみ』を読んでみて、どうでしたか。皆さんにとって、キラリと光る言葉や教訓を得ることはできたでしょうか。私は『うひ山ぶみ』という書物を、大学に入ってすぐ知ったのですが（皇學館大学の基礎史料講読の授業で、日本思想史がご専門の松浦光修先生のご指導のもと、『うひ山ぶみ』を読み進めました）、もし、もっと早く『うひ山ぶみ』を読んでいたら、どれだけ気持ちが安らいだことでしょう。

高校時代の私は、暗記中心の授業や、理系分野の授業に嫌気がさしていました。もちろん、私に理系の才能が無かったのが、大きいのですが、学問する喜びや、学問の奥深さに触れることのない、無味乾燥な授業は、苦痛以外の何物でもありませんでした。当然、理系分野の科目の成績は下がっていきました。そうした苦難の日々に『うひ山ぶみ』の「人それぞれに好き嫌いがあり、向き不向きもある。好きでもないことや、不向きなこともやるのでは、どんなに努力しても、その成果は少ない」との文章に出会っていたら、どんなに救われたことでしょう。

多様な学問に触れることは大切ですし、苦手科目が得意科目に変わることもあります（私も大学に入ってから、理系の入門書や新書なども読みましたが、高校の受験勉強では得ることができなかった、理系分野の奥深さや楽しさを実感することができました）。しかし、科目の好き嫌いや、得意・不得意は誰にでも多少はあります。不得意な分野に力を尽くして、貴重な時間を無駄にするよりも、得意分野を伸ばすことが、将来にとって有益なこともあるでしょう。

ノーベル物理学賞を受賞した物理学者のアインシュタイン（一八七九～一九五五）や、リチャード・ファインマン（一九一八～一九八八。量子電磁力学の発展に貢献）も、いくつかの教科が不得意だったといいます。ですから、不得意な学問分野があるからといって、落ち込むこともないですし、テストの点数が悪いといって、教師や親に叱られても、本当は気にすることはないのです（学問や勉強に向いていない人だっています。

そういう人は無理して学問をせずに、別の業界や分野で頑張ればよいのです）。と言っても、特に高校時代は、受験勉強などの重圧もありますから、気にしてしまいますよね。でも、親や教師が何と言おうが、前述した宣長の言葉を胸に抱いていれば、かなり心が落ち着くのではないでしょうか。

『うひ山ぶみ』は、学問をするうえだけでなく、日常の生活にも有益なことを教えてくれます。「学問は、ただ年月長く、飽きずに怠けずに、頑張ることが大切なのだ」――この言葉は、学問だけでなく、全てに通用するものです。スポーツでもそうですし、社会人になってからのビジネスでもそうでしょう。野球選手のイチローも「小さなことを積み重ねるのが、とんでもないところへ行くただ一つの道だ」と言っているではありませんか。才能よりも、コツコツと一歩一歩、努力して階段を昇っていくことのほうが大事なのです。しかし、その大事なことを、多くの人は言葉では分かっていながら、継続して実行することができず、挫折してしまうのです。

挫折しないためには、志（信念・目標）を強く持つことが重要でしょう。『うひ山ぶみ』にも「それだけは究めねばいけないと、初めから高い志を立てて勉学に励むべきである」とあります。この文章も学問のみならず、様々なことに通じます。「精神論だ」と思う人もいるかもしれませんが、実際、志を持ち、その志を達成するために、努力しなければ、何事も成すことはできません。志という言葉が暑苦しいのなら、ビジョン（構想や未来像）と言い換えてもよいでしょう。ビジョンがなければ、その人の生涯は、船長がいない船のように、大海を彷徨《さまよ》うはずです。志を強く持つことこそ、すべての始まりなのです。私も、小学校の頃からコツコツと様々な本を読みつつ学んできたからこそ、今があると思っています。途中でやめていたら、全く別の人生になっていたでしょう。志は、その人の人生をも変えるのです。

『うひ山ぶみ』には他にも、権威や由緒あるものに屈することや、外国の文化や思想にかぶれて自国の歴史・伝統をないがしろにすることの愚かさ、大和魂を持つことの大切さを指摘しています。グローバル社会になった現代だからこそ、忘れてはならない、大切な事柄が記されているのです。本書を通読した人も、学問や人生に迷った時に『うひ山ぶみ』を開いて、読んでみてください。きっと迷いの霧が晴れて、明るい日差しのもと、新たな一歩を踏み出すことができるでしょう。『うひ山ぶみ』は、人を初心の清々しい気持ちに戻してくれますし、また初学者には前に進む活力を与えてくれます。そうした意味で、『うひ山ぶみ』は、初学者の「聖書」なのです。

本書を書くにあたっては、特に白石良夫・全訳注『うひ山ぶみ』（講談社学術文庫、二〇〇九）を参考にしました。先学の業績に敬意を表したいと思います。白石良夫・全訳注『うひ山ぶみ』は、注釈が素晴らしいものである一方で、中学生や高校生には難解な用語、意味がとりにくい文章も出てきます。そうした初学者が、途中でつまずくことがないよう、本書はできるだけ、分かりやすく、簡潔に解説を加えながら、記しました。その想いが伝われば幸いです。

〈訳・解説者略歴〉

濱田浩一郎（はまだ・こういちろう）
1983年生まれ、兵庫県相生市出身。歴史学者、作家、評論家。皇學館大学大学院文学研究科博士後期課程単位取得満期退学。兵庫県立大学内播磨学研究所研究員・姫路日ノ本短期大学講師・姫路獨協大学講師を歴任。現在、大阪観光大学観光学研究所客員研究員。現代社会の諸問題に歴史学を援用し迫り、解決策を提示する新進気鋭の研究者。著書に『播磨赤松一族』（新人物往来社）、『歴史は人生を教えてくれる―１５歳の君へ』（桜の花出版）、『超口語訳　方丈記』（東京書籍のち彩図社文庫）、『靖献遺言』（晋遊舎）ほか多数。

本居宣長《もとおりのりなが》『うひ山ぶみ』

平成二十九年十一月三十日第一刷発行

著　者　本居　宣長

訳　者　濱田浩一郎

発行者　藤尾　秀昭

発行所　致知出版社

〒150-0001東京都渋谷区神宮前四の二十四の九

TEL（〇三）三七九六―二一一一

印刷　㈱ディグ　製本　難波製本

落丁・乱丁はお取替え致します。　（検印廃止）

ISBN978-4-8009-1164-3 C0095

ホームページ　http://www.chichi.co.jp

Eメール　books@chichi.co.jp